Thomas Muster

Aufschlag
Mein Leben – Mein Erfolg

aufgezeichnet von Christian Hackl

EDITION TAU

Thomas Muster

Aufschlag
Mein Leben – Mein Erfolg

aufgezeichnet von Christian Hackl

EDITION TAU

Bildnachweis:

APA: 10 (1), 11 (1), 12 (2), 30 (1), 31 (1), 44 (1), 52 (1), 54 (1).
Bildarchiv Standard: 15 (1).
dpa: 19 (1), 38 (1).
GEPA: 1 (1), 2 (2), 3 (1), 4 (4), 5 (2), 20–21 (1), 22 (2), 23 (1), 24 (3),
25 (3), 26–27 (1), 28 (2), 29 (1), 32 (2), 41 (2), 50 (2), 51 (1), 53 (2),
55 (2), 57 (1), 58 (1), 59 (1), 60–61 (1), 62 (1), 63 (1), 64 (1).
Gerhard Gradwohl: 47 (1).
Foto Melbinger: 48 (1).
Ferdinand Neumüller: 46 (1).
Josef Pail: 36–37 (1).
Reuter: 18 (1), 33 (1), 34 (1), 35 (1), 39 (1), 40 (1), 56 (1).
Thomas Exler Photography: 12 (1), 13 (2).
Thomas Muster Privatbildarchiv: 6 (2), 7 (7), 8 (2), 9 (1), 16 (10), 17 (1),
42–45 (4), 51 (2).
Viennareport: 14 (1).
Votavafoto: 49 (1).
Umschlagfoto: Reuters
Umschlagrückseite: GEPA

© 1995 by
EDITION TAU & TAU TYPE
DRUCK VERLAG HANDEL
Biricz Gesellschaft m. b. H. & Co. KG
A-7202 Bad Sauerbrunn
Satz: Tau Type, A-7202 Bad Sauerbrunn
Druck: Wiener Verlag, Himberg
ISBN 3-900977-73-9

INHALT

VORWORT

Wer hätte es sich damals, im Jahre 1984, beim Austrian Open in Kitzbühel gedacht, daß der schmächtige, blonde Österreicher, der damals noch ein wenig ungestüm war, einmal die Zuschauermassen zu den Daviscup-Matches locken und Champions wie Becker und Edberg in der ATP-Weltrangliste auf dem Weg zur Nummer 3 der Welt überholen würde? Wie immer war ich in Kitzbühel auf der Suche nach einem Aufwärmpartner:

Ich war halb laufend vom Hotel Schloß Lehenberg auf den Tennisplatz gekommen und sah an den Seitenplätzen eine Gruppe von fünf Jugendlichen, die darauf brannten, einen Tag lang mit Fibak zu trainieren. Ich suchte mir den Besten aus und fragte nach seinem Namen. „Thomas", sagte er. Nach einer halben Stunde unterbrach ich die Radiosendung meines Freundes Ronnie Leitgeb, klopfte ihm auf die Kopfhörer und stellte ihm eine Frage, die inzwischen zum geflügelten Wort in der Tenniswelt geworden ist: „Wie wär's, wenn du vom Radiosprecher zum Tennismanager wechseln würdest?" „Warum sollte ich?" fragte Ronnie. „Der Grund dafür ist dieser junge Mann!" „Warum?" „Erstens ist er schon bald Nummer 1 in Österreich und zweitens hat er die Chance, eines Tages auch international weit zu kommen."

Harte Arbeit, Training, noch mehr Arbeit für Ronnie, Erfolge, der schwere Unfall in Key Biscayne:

Bei seinem Comeback im Jahre 1989 bat mich Thomas, der noch immer keine Einzel spielen konnte, sein Doppelpartner zu sein. Wir erreichten schöne Siege und schlugen in Genf eines der besten Doppelteams: Günthardt / Taroczy.

Übermenschliche Opfer, Krisen, mehr Erfahrung, und schließlich wurde der große Traum wahr. Thomas gewann das „Roland Garros"-Turnier in Paris. Damit hat er fast alles erreicht, was sich ein junger Mensch wünschen kann.

Ich wünsche ihm nur, daß er derselbe bleibt: bescheiden,

höflich, nett zu allen, ein vorbildlicher Champion. Und ich denke mit einem Lächeln daran zurück, daß ich dabei war, als alles angefangen hat, und auch einen kleinen Beitrag geleistet habe.

Wojtek Fibak im Oktober 1995

Für alle, die mich auf meinem Weg begleitet haben. Für meine Eltern, für Ronnie, für jene, die unmittelbar mitgewirkt haben. Meine Trainer, meine Sponsoren, meine Freunde. Ich bedaure, daß ich kaum die Zeit gefunden habe, Kontakte zu pflegen. Ich war eben dauernd unterwegs. Ich hätte vielen Menschen gerne persönlich erzählt, was in den vergangenen elf Jahren alles passiert ist. Es war leider unmöglich. Jetzt könnt Ihr es wenigstens nachlesen. Vielleicht kann ich Versäumtes später einmal nachholen. Ich widme dieses Buch aber auch jenen, die im Wohnzimmer vor dem Fernseher sitzen, mitzittern, mitleiden, mitfeiern, mir die Daumen drücken. Es müssen Abertausende sein.

Danke!

„Aufgegeben wird nur ein Brief."

HEINZ MUSTER

„Wenn du glaubst, es geht nicht mehr,
kommt von irgendwo ein Lichtlein her!"

INGE MUSTER

PARIS, 11. JUNI 1995, 17.22 UHR
DIESMAL WAR EBEN ALLES ANDERS

DIE FRENCH OPEN – *Thomas Muster erfüllt sich seinen
Kindheitstraum – Zwei Wochen lang Bangen,
Selbstbelügen, Warten, Abkapseln, Druck standhalten,
Ungewißheit – Finalsieg über Michael Chang –
Die absolute Befreiung*

Die Vorzeichen

Ich mag Roland Garros. Der schöne Centre Court, die moderne Anlage, die perfekte Organisation. Und vor allem die besten, die gepflegtesten Sandplätze der Welt.

Paris mag ich nicht. Dabei kann Paris gar nichts dafür. Es liegt wohl an mir, an meiner persönlichen Abneigung gegen das Überdimensionale. In Großstädten fehlt mir generell der Plan. Man glaubt, alles zu kennen, in Wirklichkeit ist und bleibt dir alles fremd. Nichts kennst du. Kein Grün, keine Wiesen, keine Wälder, überhaupt kein Kontakt zur Natur. Stattdessen Autos, Staus, Chaos, Gestank, Hektik, Lärm. Ein Irrgarten aus Beton. Und Menschen. Viele Menschen. Und mittendrin der Thomas Muster. Im Idealfall für zwei Wochen.

Wir sind erst am Samstag angereist. Das war ungewöhnlich. Die Jahre zuvor konnten es Ronnie und ich kaum erwarten. Von wegen an die Plätze gewöhnen, die Bälle testen, die Form überprüfen. Was ist neu in Roland Garros, was nicht? Wie ist der Sand, wie war er? Ist er schneller, ist er langsamer geworden? Rutschen die Kugeln weg, springen sie hoch auf oder nicht? Stimmt das Timing und so weiter. Bin ich gut drauf, schlecht, halb gut oder halb schlecht? Es konnte nie früh genug sein. Immerhin ist es ein Grand Slam-Turnier. Immerhin sind es die French Open. Und immerhin ist es mein Kindheitstraum.

Ich wollte mich dem Streß, der neuen Situation, der Favoritenrolle erst möglichst spät ausliefern. Ich habe mich die Tage davor abgekapselt, weil ich es tun mußte. Sonst hätte ich durchgedreht. 300 Zeitungen, vom Bezirksblatt bis zum Wochenmagazin Der Spiegel, Fernseh- und Radiostationen haben um ein Interview angefragt, 300 mal wurde abgesagt. Der Turniersieg in Rom war erst ein paar Tage alt, ich wollte abschalten, jeglichen Lagerkoller vermeiden, wenig vom Tennis hören. Ein bißchen Schlagtraining, ein bißchen Kraftkammer, ein bißchen laufen. Nur das absolut Notwendige tun, um im Rhythmus zu bleiben. Die Form stimmte ja, ich wußte, es liegt ausschließlich an mir. Ich konnte das Ding, die French Open, beeinflussen, ja sogar gestalten. Rein theoretisch halt.

Der Formel 1 Grand Prix in Monaco kam mir gelegen, eine willkommene Ablenkung, denn es galt, die letzte Zeit, die letzten Stunden zu überbrücken. Die Auslosung kannte ich bereits. Ein nettes Spiel. Du hast den Raster vor dir liegen, studierst ihn genau und spekulierst. Der könnte den schlagen, der den, dann triffst du auf den oder vielleicht doch auf den. Und den da bekommst du frühestens im Semifinale. Gut so. Gottseidank. Es hilft dir zwar nicht wirklich weiter, denn es kommt ohnehin meist anders, als du denkst. Aber dein Aufgabengebiet ist zumindest abgegrenzt, du kannst dich irgendwie darauf einstellen. Und du bist auf eine irrationale Art beruhigt. Der erste kritische Punkt ist überstanden.

Ich habe mir eingeredet, keine Angst zu haben. Du hast doch ohnedies schon so viel gewonnen, du brauchst niemandem mehr etwas zu beweisen. Bleib also locker, die French Open müssen nicht sein, das Leben geht so und so weiter. Persönlich hätte ich das wohl verkraftet, ich wäre in keine Depressionen verfallen. Dann hat es eben nicht sein sollen.

Nachher allerdings, nachher ist man natürlich gescheiter. Denn es gibt ja auch noch den Druck der Öffentlichkeit. Den willst du zwar ignorieren, das kannst du aber nicht. Ein schlechter Beigeschmack wäre geblieben. Na gut, würden die Leute sagen, der Muster hat viel gewonnen, nur das Größte nicht. Sie haben nicht so unrecht. Monte Carlo oder Rom kannst du fünfmal gewinnen, fehlt dir aber ein Grand Slam-Titel, bleibst du der ewige Mittelklassespieler. Zwar ein überdurchschnittlicher, aber trotzdem. Ich kann das jetzt beurteilen, die Resonanz war enorm, die Akzeptanz der anderen Spieler ebenfalls. Du bist plötzlich anerkannt. Ohne Wenn und Aber. Du steigst in eine andere Liga auf. In eine Liga mit Vilas, Borg, McEnroe oder Connors. Und das ist einfach schön.

Die Ankunft

Am Samstag sind wir also in Paris eingetroffen. Ronnie Leitgeb, Andrea Gaudenzi und ich. Mit unzähligen Taschen, Packerln und Sackerln. Grand Slam bedeutet immer das Doppelte. Doppelt so viele Leiberln, doppelt so viele Socken, doppelt so viele Tennisschläger. 15 Stück hatte ich mit. Als wir im Quartier eintrafen, der erste Schock. Die reservierten Zimmer waren belegt. Der Besitzer war peinlich berührt, sprach von Mißverständnis, es täte ihm leid, er werde alles Menschenmögliche unternehmen. Seit vier oder fünf Jahren wohnen wir während der French Open in diesem Appartementhaus, es liegt nur 900 Meter weit von Roland Garros weg, du kannst also zu Fuß zur Arbeit gehen. Das spart Nerven, langwierige Busfahrten, eigentlich im Stau Busstehen. Du bist einfach freier, ungebundener. Sofern du ein Zimmer hast. Er hat dann den zweiten Stock geräumt, und jedem von uns ein Kammerl zugewiesen. So drei mal drei Meter groß, eine Schachtel mit Bett. Die Taschen hatten allerdings Platz. Übereinander. Ein nettes Heim für hoffentlich zwei Wochen.

Es war diesmal alles anders. Die Zuversicht der Freunde, der Fans, die vielen Glückwünsche, der Glaube an mich, der Zuspruch. Eine positive Stimmung. Dabei kom-

15

men zweiwöchige Turniere meiner Mentalität nicht unbedingt entgegen. Ich möchte jeden Tag spielen, ich hasse die Pausen, es dauert alles so irrsinnig lang. Du hast viel zu viel Zeit, dir deinen Kopf zu zerbrechen, du kommst auf die blödesten Gedanken. Du suchst krampfhaft nach einer Beschäftigung. Wenn du einmal auf dem Platz stehst, dann vergißt du alles, bist voll konzentriert. Denn ein Tennisplatz ist überall auf der Welt ein Tennisplatz. Das Problem ist immer nur das Umfeld, sind die vielen Menschen. Jeder hat einen Ratschlag parat. Und umso mehr Tips du kriegst, umso bedeutender ist das Turnier. Du wirst ständig daran erinnert, daß du eigentlich Favorit bist. Ich versuchte, das abzuwiegeln, baute eine Mauer um mich auf. Nix hören, nix sehen, nix reden.

Es war eben alles anders. Muster, der auf Sand Ungeschlagene, als Top-Favorit. Irgendwie war ich dem John McEnroe sogar dankbar, als er im amerikanischen Fernsehen gemeint hatte, „der Muster ist nicht der Typ, der ein Grand Slam-Turnier gewinnt". Ich mußte mein Konzept nur durchziehen. Ein neues, ein völlig ungewisses. Ein anderes. Die Exhibition am Sonntag habe ich erstmals ausgelassen. Meine Trainingsleistungen waren mäßig, in den Jahren davor hervorragend. Die Bälle flogen exakt dorthin, wo ich sie nicht haben wollte. Ins Netz, ins Out. Es hat mich nicht beunruhigt.

Die Pausen sind also das Problem. Ich habe mir einen Walkman und massenhaft CDs mitgenommen. Eine ganz besondere war mit dabei, eine, die mich seit Jahresbeginn nicht mehr losgelassen hat, eine, die ich mindestens 100 mal eingeworfen habe. Es war beim Turnier in Mexiko City, ein reiner Zufall. Ich habe den Griechen Yanni gehört. Und auf Bildplatte gesehen. Er ist der Freund oder Mann von Linda Evens. Ein Pianist jedenfalls. Live at Akropolis heißt das Konzert. Zwei Jahre hat er dafür gearbeitet, und das Ergebnis ist perfekt. Mich faszinieren seine Musik und Ausstrahlung unheimlich. Da ist soviel Kraft, Freude, Optimismus und Perfektion dabei. Und die Kraft überträgt sich auf mich. Jedesmal, wenn ich seine

Musik höre, fühle ich mich danach unglaublich stark, fast unverwundbar.

Mein Baum

Am Montag, am Tag vor dem ersten Spiel, ist auch so eine merkwürdige Geschichte passiert. Ich bin laufen gegangen. In den Bois de Boulogne, ein Park, gleich neben Roland Garros. Ich versuchte in mich zu gehen, dachte nach, kam drauf, daß möglicherweise die zwei bedeutendsten Wochen meines Lebens bevorstehen. Und da war so ein abgesägter Baum, ein Stumpf. Ich bin stehengeblieben, habe mich draufgestellt, begann zu meditieren. Und habe versucht, die Natur zu genießen, die Vögel zu hören, den Wald zu riechen, das Moos zu spüren. Ich weiß nicht warum, ich habe herumphilosophiert, mit dem Baum gesprochen. Wie alt er doch war, und trotzdem haben sie ihn abgeschnitten. Alles ist vergänglich, sogar der Baum. Und auf einmal habe ich gewußt: Das ist mein Turnier. Und habe dem Stumpf versprochen, sollte ich tatsächlich gewinnen, werde ich zurückkehren. Irgendwann einmal. Und mich bedanken.

Mein erstes Spiel war am Dienstag, der Gegner hieß Gerard Solves. Ein Franzose mit Brille, ein Qualifikant. Er hatte nichts zu verlieren, also wählte er das „Was pfeif ich mich"-Konzept. Augen zu und drauf. Uns wurde der Einser-Platz zugeteilt, den ich nicht mag, denn zu schlecht waren meine Erinnerungen. Im Vorjahr hatte ich dort in der dritten Runde gegen Patrick Rafter verloren. Solves gewann den ersten Satz 6:3, ich das Match 6:4, 6:2, 6:1. Es war ein typischer Einstieg in so ein Turnier. Beunruhigt hat mich der Satzverlust nicht wirklich. Einerseits hat er mich schon gestört, ich wollte eigentlich zeigen, daß ich unantastbar bin. Andererseits war's ein Wachrütteln, ein Weckruf zum richtigen Zeitpunkt. Ich habe trotzdem gespürt, daß die Gegner Respekt haben, daß sie nerveln, wenn es eng wird. Sie denken, „Um Gottes willen, mir steht ja der

Muster gegenüber". Meine Erfolge waren offenbar nicht mein Problem, sondern das Problem der anderen.

Die erste Pressekonferenz. Du sitzt im großen Interviewraum, leicht erhöht, schaust auf die Journalisten runter. Fragen auf französisch, Übersetzung ins Englische, Antworten auf englisch, Übersetzung ins Französische, Fragen auf englisch, Übersetzung ins Französische, Antworten auf englisch, Übersetzung ins Französische. Fragen auf deutsch, Antworten auf deutsch. Ein fades Spiel. Immer dieselben Journalisten, immer die gleichen Fragen. Und da ich auch immer ich bin, immer die gleichen Antworten. Was gesagt wird, ist belanglos. Ich könnte die Fragen schon vorher aufschreiben. Sind Sie zufrieden? Haben Sie erwartet, daß es so leicht wird? Haben Sie mit so einer Gegenwehr gerechnet? Wie fühlen Sie sich? Glauben Sie, daß sie das Turnier gewinnen können? Wer sind die härtesten Gegner?

Aber natürlich tun die Journalisten auch nur ihren Job. Sie müssen verständlich schreiben, daher einfach, fast blöd fragen. Fachkommentare sind unnötig, die Leser würden es nicht verstehen. Die wollen lieber Privates, Tiefes, Intimes hören. Bei mir blitzen sie da ab. Ich habe keinen Clan um mich. Ich halte auch meine Freundin raus, bin nicht der Chanel-Typ, gehe nicht auf den Eiffelturm essen, kaufe keine Geschäfte leer. Dieses Theater wird mir erspart, sie nehmen das von mir gar nicht an, folglich werde ich in Ruhe gelassen.

Die unendliche Geschichte

Ich hockte also bei meiner ersten Pressekonferenz. Und der ganz bestimmte Journalist aus Amerika saß wieder in der ersten Reihe. Und ich wußte sofort, die Katastrophe ist nicht zu vermeiden. Denn der Herr entblödet sich nicht, jedesmal, wenn er mich sieht, folgendes zu fragen: Ob mein Knie noch schmerzt, ob ich den Unfall von Key Biscayne schon überwunden habe? Mich lähmt das, die Geschichte ist ja erst sechs Jahre alt. Sie quält mich. Nicht, weil das Erlebnis so schrecklich war. Nicht, weil mich seither Alpträume plagen. Sondern weil sie mich einfach anödet. Ich will sie nicht mehr erzählen. 34 000 mal sollte eigentlich genug sein. Aber ich weiß genau, es reicht noch immer nicht. Da muß ich durch. Mein Leben, zumindest meine Karriere lang.

Spitzensport und mentales Training bedeutet auch: Belüge dich bis zu einem gewissen Grad selbst. Du mußt deinen Kopf ausschalten, dir permanent etwas einreden. Letztendlich war daher kein Grund da, mir selbst Druck zu geben. Ich möchte für mich gewinnen, nicht für die anderen. Die, die mitreden, können das nur bis zu dem Moment tun, wo ich rausgehe auf den Platz. Das Umsetzungsvermögen muß von mir alleine kommen. Ich habe nichts davon, wenn ich den Journalisten sage, na gut, ich bin Favorit für die French Open. Ich mußte sie anlügen, weil ich mich selbst angelogen habe. Aus reinem Selbstschutz.

Das erste Match war überstanden. Solves wurde über mich ausgefratschelt, stand erstmals in seinem Leben im Mittelpunkt. Er meinte, es sei fraglich, „ob Muster das körperlich durchhält. Er betreibt einen enormen Aufwand". Wichtig war, den richtigen Rhythmus zu finden, die Tage zu gestalten. Ronnie sorgte dafür. Alles mußte seinen geregelten Ablauf haben. Training zur gleichen Zeit, Massage zur gleichen Zeit, Essen zur gleichen Zeit, Regeneration zur gleichen Zeit. Ronnie übernahm die Pressearbeit, beobachtete die Gegner, überlegte die Taktik.

Cedric Pioline war die nächste Aufgabe. Wieder ein Franzose, einer, der schon bessere Tage erlebt hat. Der Aufwand gering, die 16 000 Zuschauer auf dem Centre Court mucksmäuschenstill – 6:1, 6:3, 6:3, ich hatte den Rhythmus gefunden. Der Alltag konnte beginnen. Matchball, hin zum Händeschütteln ans Netz, ein paar Worte zum Gegner, Tasche packen, im Vorbeigehen ein paar Autogramme schreiben, rein in ein überhitztes Kammerl, Kurzinterview fürs Französische Fernsehen, der Reporter reicht dir ein Handtuch, du bist ja noch verschwitzt. Alles live.

Du wischst dir den Schweiß von der Stirn, die Scheinwerfer blenden, du stammelst ein paar Worte ins Mikrophon. Ab in die Dusche, umziehen, Pressekonferenz. Danach stretchen, massieren lassen, du gibst deine schmutzige Wäsche ab, zwei Tage später wird sie dir sauber und gebügelt geliefert. Du sperrst die persönlichen Dinge im Kasterl ein, ich habe seit zehn Jahren die Nummer 123. Weg aus Roland Garros, ab ins Zimmer, die 900 Meter im Laufschritt zurückgelegt. Lesen, fernsehen, Essen gehen, heimkommen, lesen, fernsehen, schlafen, aufstehen, frühstücken, trainieren. Und jeden zweiten Tag spielen.

Es war aber diesmal anders. Früher wollte ich immer das erste Match bestreiten, also den genauen Zeitpunkt wissen, wann es losgeht. So kannst du alles planen und einteilen. Die Coaches verhandeln mit dem Turnierdirektor, der versucht dann, deinen Wunsch zu erfüllen. Allerdings gibt es viele Coaches und noch mehr Wünsche. Schlußendlich entscheidet das Fernsehen, wer, wann, wo spielt. In dieser Saison war mir die Ansetzung gleichgültig. Alles war mir recht, nur Flutlicht mußte nicht sein, aber dieses Problem stellte sich in Roland Garros ohnedies nicht. Das Leben in Paris ist eben nicht regelmäßig, die Leute bleiben länger auf, essen später. Und du mußt flexibel sein. Hätte ich jeden Tag um 11 Uhr gespielt, hätte ich jedesmal um sieben Uhr aufstehen müssen. Egal, wie tief du geschlafen hast, du mußt einfach raus aus dem Bett. Und dieser Streß kann sich in zwei Wochen summieren, es besteht die Gefahr, daß du einbrichst.

Vor Carlos Costa hatte ich keine Angst, nur den notwendigen Respekt. Ich wußte, er kann phasenweise gefährlich werden. Mit seinem Aufschlag. Aber nicht auf Dauer. Die Länge sprach für mich, drei Gewinnsätze schafft er nicht, das war mir klar. Er durfte kein Stolperstein sein, weil er keiner sein konnte: 6:3, 7:5, 6:2. Und wieder verschwitzt ins Kammerl zum Fernsehen. Und wieder duschen. Und wieder zur Pressekonferenz. Und wieder meine Lieblingsfrage. Das Knie hat auch diesmal nicht geschmerzt, der Unfall ist psychisch wie physisch verarbeitet, ich denke wirklich nicht mehr daran und blablabla.

Der Neubeginn

Die erste Woche war überstanden. Unbeschadet. Das Turnier im Turnier habe ich hinter mich gebracht. Die erste Woche ist immer die kritische, du schaust nur, daß du sie ohne allzu großen Substanzverlust, ohne Kratzer, rüberbiegst. Für einen der besseren Spieler beginnt das eigentliche Turnier erst jetzt. Es wurde lediglich ausgemistet, die Karten werden neu gemischt.

Pfingstsonntag, das Achtelfinale gegen Andrei Medvedev. Wolken über Paris. Schwarze, graue, weiße. Die schwarzen sind die widerlichsten, die bringen bekanntlich Regen. Regen und Tennisspielen im Freien vertragen sich nicht unbedingt. Eine Unterbrechung folgte der anderen. Platz abdecken, Platz aufdecken, Platz abdecken und wieder Platz aufdecken. Unser Match war als letztes auf dem Centre Court angesetzt. Eine lähmende Ungewißheit. Kommen wir noch dran, oder kommen wir nicht mehr? Du mußt dich bereit halten, dein Körper darf nicht versauern. Sind die Schläger ideal bespannt? Wird es kälter? Wird es wärmer? Du schaust aus dem Fenster, erkundigst dich nach den Spielständen, irrst durch die Garderobe. Soll ich was essen? Muß ich was essen? Liegt mir das dann im Magen? Im Fernsehen habe ich beiläufig mitbekommen, daß Alberto Costa Jim Courier, meinen geplanten Viertelfinalgegner, verabschiedet hat. Eine Sorge weniger, eine absolute Sensation. Die Auslosung war urplötzlich nicht mehr so arg. Mein Vorbild blieb mir erspart.

Wir sind dann doch noch drangekommen, die schwarze Wolke wurde von einer weißen verscheucht. So kurz vor acht Uhr, eineinhalb Stunden später wird's finster. Medvedev war leicht angeschlagen. Seine Schlaghand war geschwollen, ein marillengroßer Bluterguß, ein Andenken an einen Sturz im vorigen Spiel. Über die Schwere der Verletzung wußte ich nichts Genaues, das war mir auch egal. Das muß es dir sein, du darfst dich nicht irritieren lassen, sein Problem geht mich nichts an. Ich hatte vor Andrei jedenfalls großen Respekt. Er nimmt die Bälle früh, schlägt sie geradlinig, ist an guten Tagen in der Lage, mein Spiel zu zerstören. Und Medvedev hat wie Gott in Frankreich begonnen. Ein Strich nach dem anderen. Er hatte Breakball zum 4:2, und ich das größte Glück. Er bestimmte den Ballwechsel, ich in der Defensive. Und dann der Netzroller meines Lebens. Von da an war's nur mehr ein Kampf gegen die Zeit. Ich wollte unbedingt vor Einbruch der Dunkelheit fertig werden. Das war die einzige Anspannung, die hat aber gereicht. Ich machte zwischen den Punkten noch kürzere Pausen als gewöhnlich, drückte, rannte, hetzte ihn, wollte den Tag im Büro einfach schnell hinter mich bringen. Ich fühlte mich stark. Nach 1:22 Stunden war Schluß: 6:3, 6:3, 6:0. Drei oder vier Games mehr, und sie hätten abbrechen müssen.

Andrei tat mir leid. Ich mag ihn, kenne ihn seit seinen Anfängen, wir haben häufig miteinander trainiert. Es ist immer schwierig, gegen einen zu spielen, zu dem du eine Beziehung hast. Das hemmt. Wer vernichtet schon gerne einen, der dir irgendwie taugt? Ich hab's getan, habe mich danach fast ein wenig schäbig gefühlt. Andrei hat mir seine Hand gezeigt, der Bluterguß war mittlerweile pfirsichgroß. Er mußte mit einem dünneren Griff spielen, sein üblicher hat nicht gepaßt. Lustigerweise hat er mir mein schlechtes Gewissen genommen. „Du kannst nichts für die Verletzung", hat er gesagt. „Ich wäre auch als Gesunder chancenlos gewesen. Ich habe noch nie gegen so einen starken Gegner gespielt. Ich wünsche dir weiterhin viel Glück. Du hast es verdient."

Bist du einmal Viertelfinalist, dann wird die Pressekonferenz haarig, ja richtig unangenehm. Das Knie, so nebenbei erwähnt, habe ich übrigens wieder nicht gespürt. Aber wie geht man mit der Frage nach dem Favoriten um, wenn nur mehr acht Mann übriggeblieben sind? Zumal dein nächster Gegner Alberto Costa ist? Beten, daß sie nicht gestellt wird. Aber da hilft dir nicht einmal der liebe Gott. Was sein muß, muß sein. Ich habe mich spontan zu folgender Antwort entschlossen: „Ich bin jetzt Mitfavorit wie jeder Viertelfinalist." Abgenommen hat es mir freilich keiner, mag sein, daß ich auch eine rote Gesichtsfarbe aufgezogen habe. Völlig gleich, offiziell war ich jedenfalls Mitfavorit.

Die Langeweile

Und wieder war Pause. Langeweile. Zeit totschlagen. Du bist sogar gierig aufs Training, da hast du zwei Stunden wenigstens sinnvoll verbracht. Abendessen mit Ronnie, der Gesprächsstoff geht aus, du darfst dich weder zuviel noch zuwenig mit Tennis beschäftigen. Zuwenig ist ohnedies illusorisch. Wir sind auf Empfehlung von Freunden in ein japanisches Restaurant gegangen, ein kleines, vorzügliches. Das beste in ganz Paris.

Ich machte die Tür auf, schaute mich um. Und an einem Tisch hockte ausgerechnet Alberto Costa, mein Gegner vom nächsten Tag. Worauf mich der Schlag zwar nicht traf, aber doch ein wenig streifte. „Was macht der da?" Er nickte, ich nickte, er aß mit seiner Partie, ich mit meiner. Auf Wiedersehen. Treffen uns morgen in Roland Garros auf dem Centre Court. Und sei ja pünktlich.

Mit Costa konnte ich wirklich nicht viel anfangen. Weder Fisch noch Fleisch. Sehr jung, erst 19 Jahre alt, ein Spanier, hochbegabt, komplett, ein Durchstarter, ein Sandplatzspezialist. Aber irgendwie farblos, noch zu frisch auf der Tour, kaum Konturen. Ich selbst war mir der Sache relativ sicher, vor ein paar Wochen hatte ich ihn im Finale von Estoril besiegt. Der erste Satz war damals hart umkämpft.

Eine gewisse Unruhe verspürte ich trotzdem. Die Form stimmte, aber der Lauf irritierte. Ich war 32 Spiele ungeschlagen, jeder sprach von der Serie. Von meinem ganz persönlichen Dallas. Mir war klar, daß der Film reißen muß. Jede Serie hat ein Ende. Auch Dallas. Ich mußte nur darauf achten, den Schluß in die Länge zu ziehen. Mir immer neue Folgen einfallen lassen. Zumindest noch drei. Am Sonntag, nach dem Finale, wäre der ideale Zeitpunkt gekommen, die Serie einzustellen. Den Film einfach durchzuschneiden. Unabhängig vom Ausgang.

Costa ist natürlich pünktlich zum Viertelfinale erschienen. Am Dienstag, den 6. Juni, um die Mittagszeit. Ich begann stark, hatte ihn total im Griff. Der erste Satz überhaupt kein Problem – 6:2. Breakbälle im zweiten, er hat sie spektakulär abgewehrt. Und ich fiel plötzlich in ein tiefes, schwarzes Loch. Die innere Anspannung war weg. Ich war müde im Kopf, der Körper schmerzte, jeder Schritt ein Krampf. Zweiter Satz weg, der dritte im Tie-Break auch. Eine absolut neue Situation für mich. Du hämmerst dir ein, bleib ruhig, du bist doch der Bessere. Er kann das nicht durchhalten, versuche dich zu finden, deine Normalform, 70 Prozent deiner Möglichkeiten würden schon reichen. Nütze deine Chancen, mache endlich Druck. Es war ein Kampf gegen mich selbst. Ich mußte aus dem Loch, aus dem Sumpf raus. Du hast doch Kraft, du bist erfahren, routiniert, hast schon ärgere Situationen überstanden. Im vierten Satz hatte ich mich erfangen, 7:5, das Loch war wieder hellgrau. In Wahrheit war's gar kein Loch mehr, ich hatte es gestopft. Und wußte: Das Spiel hast du gewonnen. Offiziell wurde es 30 Minuten später, 6:2 im fünften Satz. Ich jubelte verhalten, die 3:17 Stunden hatten mich ausgelaugt, es irritierte mich nicht wirklich, Halbfinalist zu sein. Costa meinte danach, mein Geheimnis sei, daß ich nicht müde werde. Er irrte gewaltig. Ich war hundsmüde. Und ein wenig stolz. Stolz, eine kritische Situation gemeistert zu haben. Ich stand am Abgrund, wankte, fiel aber nicht runter. Und ich fühlte: „Das könnte der Schlüssel gewesen sein." Denn bisher war es zu glatt verlaufen, ich hatte mir eine enge Partie fast herbeigesehnt. Costa erfüllte mir den Wunsch. Klingt pervers, war aber notwendig.

Das Halbfinale

Diesmal war eben alles anders. Ich hatte zwei Tage Pause bis zum Halbfinale. Und das war ausnahmsweise gut so. Zeit, mich zu regenerieren. Vor einer Woche hätte ich noch gejammert, um Gottes willen, die blöde Warterei, ich möchte ja Tennisspielen, nicht aufs Tennis warten. Und auf einmal wollte ich warten. Es hat mir zumindest nichts ausgemacht. 1990 war ich noch zu ungeduldig, da hatte ich mich schon im Endspiel gesehen. Und als Sieger. Überlegt, wie und wo und mit wem ich feiern werde. Jugendlicher Leichtsinn, dumme Arroganz. Andres Gomez, was will der schon, was kann der schon. Er konnte zu viel. Ein unverzeihlicher Fehler. Aus heutiger Sicht ein notwendiger. Denn ich hatte daraus meine Lehren gezogen, bin klüger geworden. Plane von Tag zu Tag. Von Runde zu Runde. Von Spiel zu Spiel. Von Punkt zu Punkt. Erledige die eine Aufgabe, dann kannst du die nächste angehen. Damals hatte ich die Nacht davor kaum geschlafen, war zu aufgewühlt, zu hektisch.

Mit Andre Agassi hatte ich als Gegner gerechnet, Yevgeny Kafelnikov ist's geworden, Agassi hatte angeblich oder tatsächlich eine Zerrung in der Hüftgegend. Womit bewiesen ist, wie sinnlos das Spekulieren nach der Auslosung ist. Kein Jim Courier, kein Agassi. Agassi wäre gar nicht so unangenehm gewesen, sein Spiel liegt mir. Aber im Prinzip spielt es keine Rolle, du mußt nehmen, was du kriegst. Ich hatte ein gutes Gefühl. Von 128 sind vier übriggeblieben. Der Sergi Bruguera, der Michael Chang, Kafelnikov und eben ich. Bruguera und Chang konnten mir vorerst egal sein. Aber ich wußte, daß die Auswahl nicht die schlechteste ist. Alle sind schlagbar, alle in meiner Reichweite, gegen alle hatte ich eine positive Bilanz. Und das gibt Selbstvertrauen. Nicht, daß ich über den Dingen stand, aber meine Position war günstig. Die drei anderen mußten mich fürchten.

Yevgeny ist ein netter Kerl. Ein Schmähbruder. Er hat Charme. Und so nebenbei ist er ein hervorragender Tennisspieler. Für sein Alter, er ist erst 21, sehr ausgereift, universell, ohne Schwächen. Ich sehe bei ihm keine Grenzen, er hat das Zeug, Nummer eins zu werden. Sofern er seinen Weg konsequent weitergeht, sofern er gesund bleibt, sofern er nicht abhebt. Yevgeny beherrscht die Kunst des Untertreibens. Ein Schlitzohr, das dir Blumen streut. „Was ißt du da Thomas? Das bestelle ich mir auch. Damit ich genauso groß und stark wie du werde. Du bist einfach großartig." Er lacht dich dabei an, du lachst zurück. Bei anderen wär's ein schleimiges „In den Hintern kriechen", bei Kafelnikov ist's witzig.

Ich versuchte die zwei Tage ganz normal zu verbringen. Normal zu trainieren, normal zu essen, normal ins Kino zu gehen. Und abnormal viel zu schlafen. Ronnie und ich haben kurz die Taktik besprochen. Das dauert ein paar Minuten, man kennt sich ja. Jeder Spieler hat eine oder mehrere Schablonen. Macht er das, mußt du so reagieren. Macht er aber nicht das, sondern das, mußt auch du eine andere Schablone auspacken. Wichtig ist, rein theoretisch gesehen: Probiere stets, dem Gegner deine Schablone aufzuzwingen. Kafelnikov stand zum ersten Mal in einem Grand Slam-Halbfinale. Das war für mich die große Unbekannte. Für ihn erst recht. Wie wird er reagieren? Wie wird er mit der neuen Situation fertig? Er hatte ja schon mehr erreicht als erhofft, als erträumt. Das kann befreien. Oder auch verkrampfen. Denn ist man einmal soweit, will man mehr, will man alles. Genug kann da nie genügen.

83 Minuten haben genügt. Es war Freitag, 13.33 Uhr, als mir ein Urschrei entkam. 6:4, 6:0, 6:4. Ich hatte Tennis auf den Punkt gebracht. Zweckmäßiger, solider, souveräner geht's nimmer. Das Pariser Publikum staunte, applaudierte freundlich, ich und meine Art, Tennis zu spielen, wurden endgültig respektiert. Ich bin zum Netz hin gerannt, Kafelnikov ist eher geschlichen. Ich wartete, er traf dann doch noch ein, klopfte mir auf die Schulter. Small talk. Bei den Netzbesprechungen wird nie Essentielles gesagt. Allerdings, und das ist eher erstaunlich: Bei Grand Slam-Turnieren dauern sie immer um ein paar Sekunden länger. Das liegt wohl an der Bedeutung, am Außerge-

wöhnlichen. Man hat sich länger nichts Essentielles zu sagen.

Kafelnikov war frustriert. Nona. „Ich wußte, was auf mich zukommt. Aber es hätte länger als 83 Minuten dauern sollen." Er lobte mich, meinte, daß er sich wie eine Maus gefühlt habe, der ein Elefant gegenübersteht. Und ich, der Elefant, lächelte. Und zeigte es auch. Ein Gefühl der Zufriedenheit, des Stolzes überkam mich. Zum ersten Mal in meinem Leben hatte ich die Chance, ein Grand Slam-Turnier zu gewinnen. Maximal fünf Sätze fehlten noch. Die Pressekonferenz war gar nicht so lästig, ich spielte meine Emotionen runter, meinte nur: „Jetzt zähle ich zum engsten Favoritenkreis." Michael Chang war mir recht. Sergi Bruguera wäre mir auch recht gewesen. Ich mimte den Lässigen, den Entspannten, vielleicht war ich es tatsächlich. „Es geht nur mehr um innere Werte. Am Sonntag ist ein Spiel. Weder Sieg noch Niederlage werden mein Leben ändern. Schlimm ist, wenn du unheilbar krank bist", sagte ich, meinte ich.

Drei Schränke

Schlimm war, daß die Turnierleitung auf einmal drei Bodyguards für mich abgestellt hat. Bei Finalisten muß das so sein. Drei Einbaukästen, drei Killer im dunklen Anzug, nicht unfreundlich, aber respekteinflößend. Natürlich bewaffnet. Sonst unauffällig. Aber immer neben dir, vor dir, oder hinter dir. Einfach gräßlich. Das Bemühen, dezent zu sein, war penetrant. Ich dachte zunächst, die drei Schränke werden mich heimlich zum Hotel begleiten, leise „Auf Wiedersehen" sagen und dann dezent abfahren. Na gut, von mir aus, Begleitschutz ist halt vorgesehen, da mußt du durch. Mach' ihnen die Freude, die meinen es gut, können nichts dafür, tun nur ihren Job.

Ich irrte gewaltig. Die drei, ihre Namen habe ich verdrängt, fuhren weder ab, noch haben sie sich verabschiedet. Sie quartierten sich ein, haben das Haus umgebaut, sind dauernd vor meiner Tür auf und ab gegangen. Beim Abendessen waren sie auch dabei, sind dezent und schweigend am Nebentisch gesessen. Bin ich aufgestanden, sind sie es auch. Vorgekostet haben sie allerdings nicht, ich hätte durchaus vergiftet werden können. Die Lage war aussichtslos. Bis zum Samstag. Gefrühstückt haben wir noch gemeinsam, am Morgen hat man es ohnedies gerne leise und dezent, danach war Schluß und Hoffnung. Ronnie ist zur Turnierleitung gegangen und hat nach Kampf durchgesetzt, daß sich die drei ab sofort nur mehr auf der Anlage um mich kümmern. Sie haben dezent ausgecheckt. Und ich konnte wieder freier, sicherer atmen.

Es war eben alles anders. Eine neue Erfahrung. Ich begann die Stunden zu zählen. Sie wurden lang und länger. Eine dauerte mindestens drei. Ich trainierte mit Emilio Sanchez, er versuchte Chang zu imitieren. Es war eine eigenartige, gespenstische Stimmung. Am Samstag nachmittag wollte ich unbedingt in den Wald, meinen Baumstumpf besuchen. Das Bedürfnis hatte ich ein paarmal. Überall, wo ich hingegangen bin, wurde ich mit Tennis, mit dem Turnier konfrontiert. Jetzt war es ganz arg. Leute haben aus den Fenstern gewunken, mir Tips gegeben, mir Glück gewunschen. Sie sind in meinen Gedankenbereich eingedrungen. Beim Baum war ich alleine, da durfte ich Mensch sein, dort fühlte ich mich wohl. Das war mittlerweile zwölf Tage her. Ich hatte Sehnsucht, einsam zu sein, die Vögel zu hören, das Moos zu riechen. Trotzdem bin ich nicht zum Baum gegangen. Ich weiß bis heute nicht, warum. Zeit hätte ich ausreichend gehabt.

Du hast überhaupt zu viel Zeit. Schaust dauernd auf die Uhr. Was, erst fünf? Noch 22 Stunden. Schrecklich, grauslich. Ich versuchte normale Dinge zu tun. Zum Beispiel Fernsehen. Keine Chance. Du drehst das Kasterl auf, siehst Roland Garros, also dich selbst. Ausschalten. Lesen wäre gut. Ich schlag ein Buch auf, „Salz im Kaffee", eine Geschichte über die Tour de France. Zehnmal habe ich es schon gelesen, es gefällt mir einfach. Sinnlos. Auf einmal saß Chang auf dem Rad. Und das in jeder zweiten Zeile.

Essen mußt du schon, jeder Bissen ein Krampf, du würgst die Pizza trotzdem runter. Du kriegst den Kopf nicht mehr frei. Wie wird das morgen sein? Dann hältst du den Pokal in der Hand. Eine Minute später bist du völlig fertig, der Chang ist riesengroß, schlägt mit einem Hammer auf dich ein. Und wieder ein Blick auf die Uhr. Noch 17 Stunden. Bleib' ruhig, so bedeutend ist das auch wieder nicht, ein ganz normales Match halt, stell' dir vor du bist in Kitzbühel, San Marino oder irgendwo. Belüg' dich selbst, schwäche ab, sonst drehst du durch. Du mußt schlafen, zwing' dich, leg' dich hin, vergiß' den Chang. Träume was anderes oder träume gar nichts.

Changs Vollkommenheit

Ich habe nichts gegen Chang, ich habe nichts für Chang. Ich kenne ihn kaum. Sein Spiel liegt mir aber, er bietet eine gute Angriffsfläche, ich kann auf totale Konfrontation schalten. Auch durch seine Art, seine Introvertiertheit, seine Kampfkraft. Die Bilanz: 3:0 für mich. Chang kann mir nicht wehtun. Er hat keinen Aufschlag, mit dem er mich killen kann. Er hat kein Volley, mit dem er mich killen kann. Er kann nur hartnäckig sein. Aber das kann ich auch.

Ihn umgibt die Aura des Vollkommenen, er hat einen Herrgottswahn, verabschiedet sich mit „God bless you“, ist stets freundlich. Ein Familienmensch, Mama, Papa und Bruder sind immer dabei. Aber das ist nichts Negatives, jeder wie er will. Trotzdem hat er die Hinterfotzigkeit, dir im entscheidenden Moment den Punkt zu nehmen, im für ihn richtigen Augenblick gibt er dir den Punkt dafür, macht auf Gönner. Das heißt: Bist du 40:0 vorne und schlägst den Ball ins Out, overruled er manchmal sogar den Schiedsrichter. Er verwischt die Stelle mit seinem Schuh, der Abdruck im Sand ist somit weg, die Entscheidung nicht mehr nachvollziehbar. Und er schenkt dir das Game, das du ohnehin gewonnen hättest. Wird es allerdings eng für ihn, streitet er bis zum Gehtnichtmehr. Die Wahrheit wird Nebensache, Gott hat auf dem Tennisplatz wohl nichts verloren.

Ich hatte weder gut noch schlecht geschlafen, jedenfalls nicht zu kurz. Das Henkersfrühstück. Selbstgekauftes Müsli und Vitamin C-Tabletten. Blick aus dem Fenster. Ein häßlicher Sonntagmorgen. Wolken, kein Regen, viel zu kalt für einen 11. Juni. Regen war erst für drei Uhr am Nachmittag vorausgesagt, just zu Matchbeginn. Scheibenkleister, die müssen verschieben. Na bravo. Ronnie hatte mir die Taktik auf einen Zettel gekritzelt. Erinnerungshilfe. Die Klo-Besuche häuften sich. Kribbeln in der Magengegend. Für Ronnie war's ärger, er hatte meinen Durchfall.

Ab ins Tennisstadion. Fernsehteams haben mich begleitet, jeden Schritt, jede Bewegung gefilmt. Einschlagen mit Niki Kiefer, einem der weltbesten Jugendlichen. Ronnie hat ihm dafür eine Finalkarte besorgt. Ich habe mich gut gefühlt, es hat Spaß gemacht. Warten. Essen. Trinken. Kohlenhydrate. Eine Portion Reis. Viel Flüssigkeit. Um Gottes Willen. Die Wolken werden dünkler. Der Wind wird heftiger. Das wird nichts mehr. Ich will aber. Wo sind die Schläger? Komme ich damit aus? Wie klein ich doch bin! Das Damendoppel ist endlos. Die spielen schon mehr als zwei Stunden. Wen interessiert das. Matchball. Abgewehrt. Noch einer. Wieder vergeben. Re-Break. Jetzt sind es fast drei Stunden. 74. Matchball. Wieder nix. Vielleicht beim 103. Na endlich.

Um drei hätten wir beginnen sollen, zehn Minuten später durften wir erst raus. Ich voran. Das mache ich automatisch, so kann ich mich hinsetzen, wo ich will. Ein erhebender Moment. Du hörst den Applaus gar nicht, bist mit dir selbst beschäftigt, siehst nur den Tennisplatz. Meine letzten Gedanken. Die Bedeutung war mir in diesen Augenblicken klarer als je zuvor. Das ist der Tag deines Lebens. Jetzt stehst du da. Davon habe ich immer geträumt. Schon als kleiner Bub in Leibnitz. Vor dem Fernseher bin ich gesessen. Egal, was danach kommt, es wird dein Tag bleiben. Das erste Mal zählt einfach mehr. Und ich habe beschlossen, den Tag einfach zu genießen. Koste jede Sekunde aus.

Nur das Klebeband konnte ich nicht um den Griff wickeln. Dreck blöder. Peinlich. 16 500 Menschen schauen zu. Und zig Millionen sitzen vor dem Fernseher. Normal funktioniert das blind. Erster Versuch gescheitert, zweiter auch, dritter, okay, paßt. Und jetzt genieße deinen Tag. Begrüßung durch Schiedsrichter Bruno Rebeauh, den mag ich, der leitete auch das Match gegen Michael Stich im Daviscup, den Marathon in Unterpremstätten. Eine angenehme Erinnerung. Ein gutes Omen.

15.20 Uhr, Spielbeginn. Chang, er hatte die French Open ja schon einmal gewonnen und war mir um diese Erfahrung voraus, begann wie eine Maschine, die auf 10 000 Touren rennt. Ich war gar nicht so schlecht, er einfach besser, druckvoller. Der Muster, der hetzt, wurde gehetzt, erdrückt. Na bumm. Er lag 5:2 vorne, das schaut deutlich aus, war es aber nicht. Nur ein Break. Er variierte, servierte einmal von außen, einmal von innen, einmal mit 180 Stundenkilometern, einmal mit 90. Ich mußte meine Taktik ändern, die Schablone wechseln. Klappt es, ist es okay, klappt es nicht, ist auch nur der erste Satz weg.

Ich hatte zu kurz gespielt, stand zu weit hinter der Grundlinie. Er stand weiter im Platz drinnen, ließ mich laufen. Also mußte ich handeln. Ich erhöhte die Flugbahn meiner Bälle, sie wurden länger, machten einen weiteren Bogen. Chang reagierte falsch, wollte weiter Druck machen, wurde fehleranfälliger. Er hat in dem Moment nachgelassen, als ich die Taktik änderte. Ich war jedenfalls wieder dran. Und vielleicht hatte es auch mit meiner Mentalität, niemals aufzugeben, zu tun. Sicher sogar. Ich hätte ja den Satz auch wegschmeißen, den Ball viermal ins Netz schießen können. Nur widersprach das meinem Naturell. Ich hatte meine Erfahrungen mit Rückständen. Je aussichtsloser, desto besser.

Ich gewann den ersten Satz noch 7:5. Der Himmel dunkel, meine Stimmung hell. Das Wissen, du brauchst noch zwei, er aber drei Sätze, stimmte zuversichtlich, beruhigte. Chang wußte das natürlich auch. In einer Erst- oder Zweitrundenpartie ist das nicht so entscheidend, da strotzt du noch vor Kraft. Aber nach zwei Wochen bist du kein Energiebündel mehr, geistig und körperlich ausgelaugt. Auch wenn du es dir nicht eingestehen willst.

Chang wußte also, sein Weg ist weiter. Ich hatte von möglichen fünf Sätzen schon einen im Sack. Und das warf ihn zurück, er baute systematisch ab. Eine Flamme, die im Sturm nicht mehr richtig brannte, sondern lediglich aufflackerte. 6:2 der zweite Satz, mir fehlte jetzt nur mehr ein Drittel. Es war wirklich wie in San Marino oder irgendwo. Nur kälter. Bitte kein Regen. Changs Situation war schier aussichtslos. Bitte Regen. Meine hingegen rosig. Und das Wetter hielt auch.

Den dritten Satz dominierte ich, ein Break zum 4:3. Er riß sich noch einmal zusammen, fightete zurück, schaffte den Ausgleich. Ich blieb ruhig, eh nichts passiert, maximal ein Satzverlust. Steht's halt 2:1. Meine Energie war nicht verbraucht, ich hatte Reserven, größere als er, das spürte ich. Der Traum rückte näher. Chang hatte nichts mehr zuzusetzen.

Die Erlösung

5:4 und 40:15, zwei Matchbälle. Matchbälle ist untertrieben. Zwei Grand Slam-Bälle. Ich zitterte. Was wird sein? Vorfreude. Du hast es fast geschafft. Eigentlich unglaublich. Den ersten hatte ich vergeben. Leichtfertig. Trotzdem war mir klar: Es geht sich aus. Dann der zweite. Ein kurzer Ballwechsel. Chang holt mit seiner Rückhand aus, trifft den Ball nicht ideal. Für den Laien, den Zuschauer nicht erkennbar. Für mich schon. An der Flugbahn merkte ich, das ist es. Im Zeitraffer. Mein Hirn, eine Kamera. 1 000 mal habe ich fotografiert. Klick, Klick, Klick. Und der Ball flog immer noch. Vorbei an meiner Kamera. Und die Leute haben es immer noch nicht begriffen. Das 850. Bild. Der Ball endet im Out, ich rücklings im Sand, recke die Arme empor. Erst dann der Applaus, der Jubel, die Reaktion des Publikums. Mit Verspätung. Es war 17.22 Uhr, Sonntag der 11. Juni.

„I don't want to talk about it"

In extremer Bedrängnis

11. Juni 1995, 17.22 Uhr: „Augenblick des Triumphs"

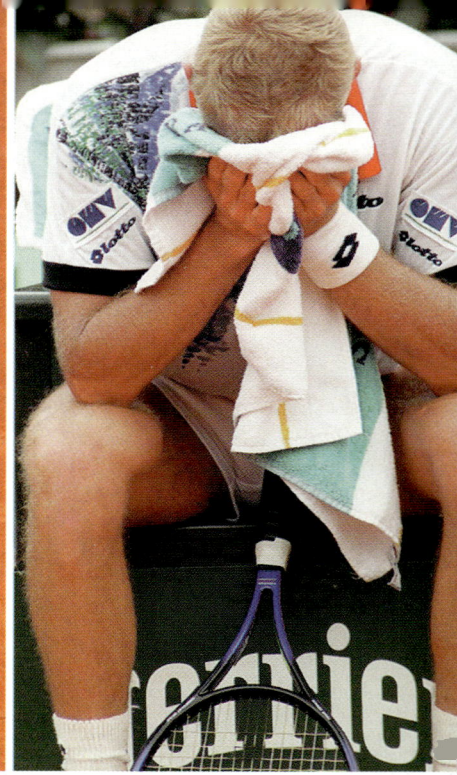

Auf und ab

in Roland Garros

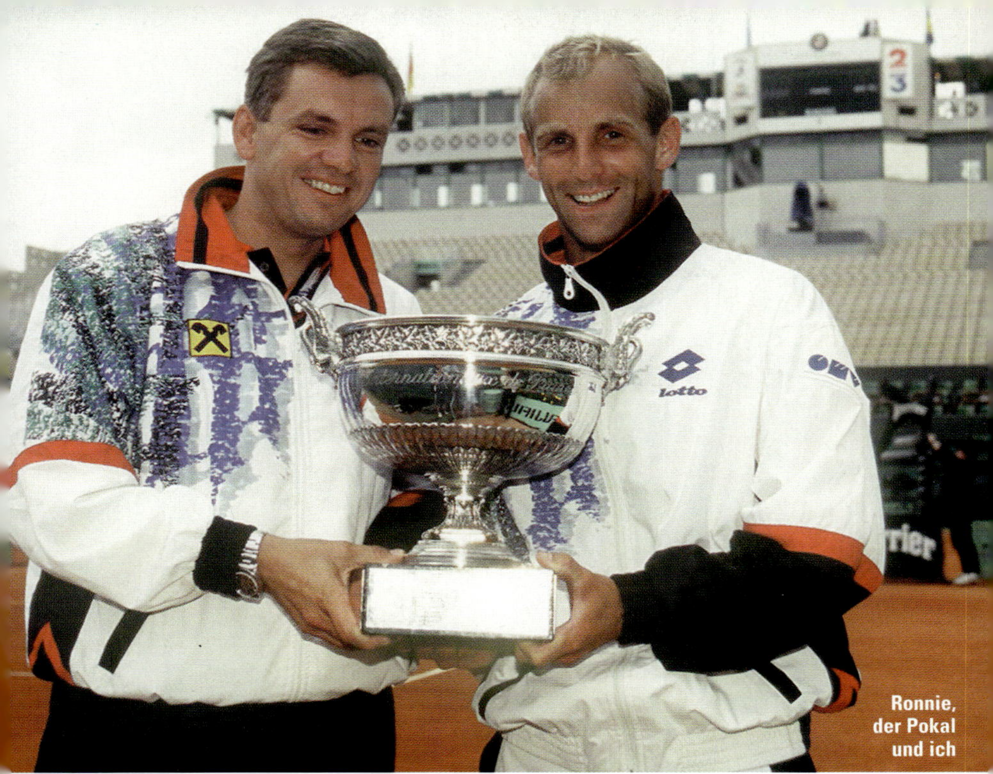

Ronnie,
der Pokal
und ich

Sie wußten es schon immer

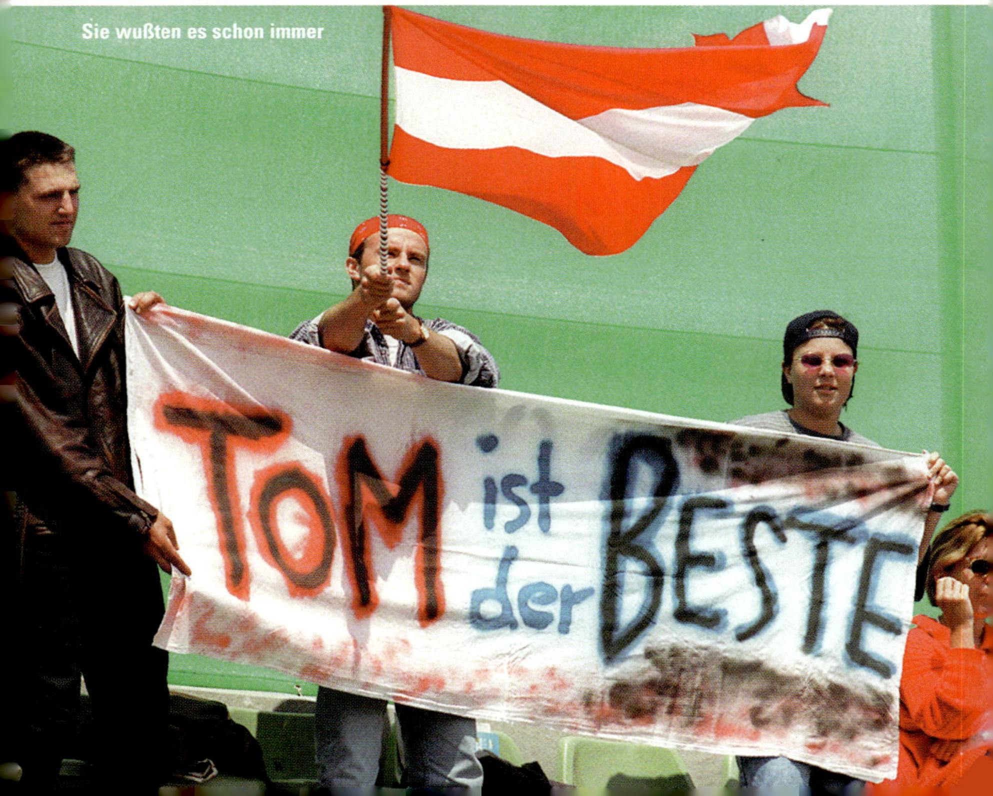

TOM ist der BESTE

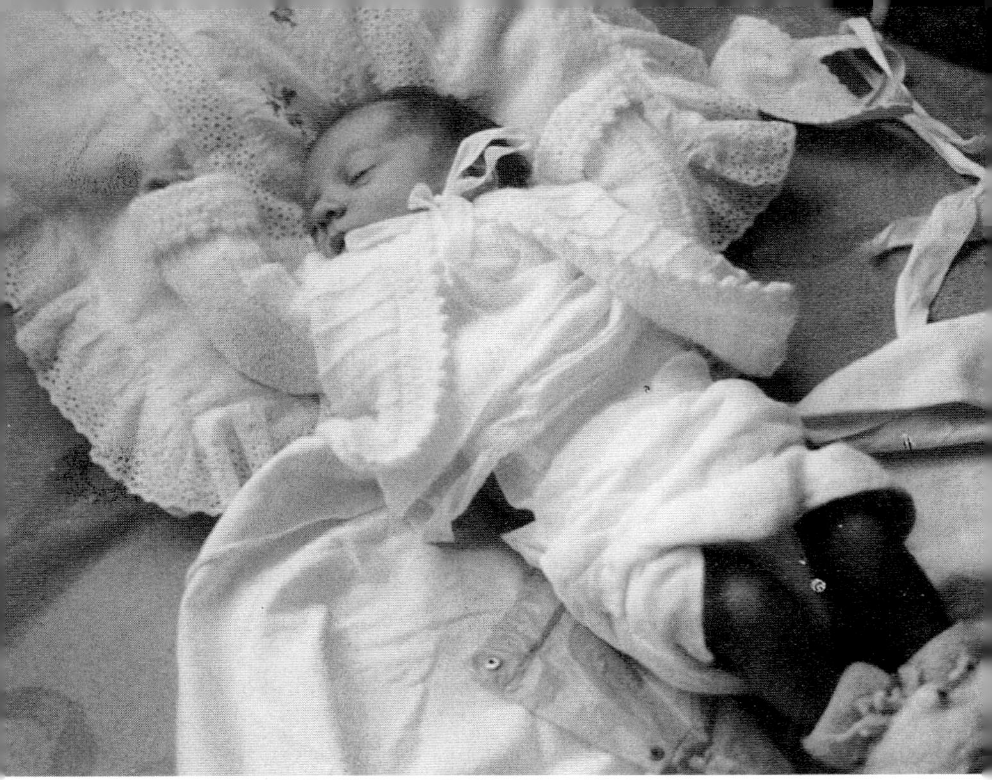

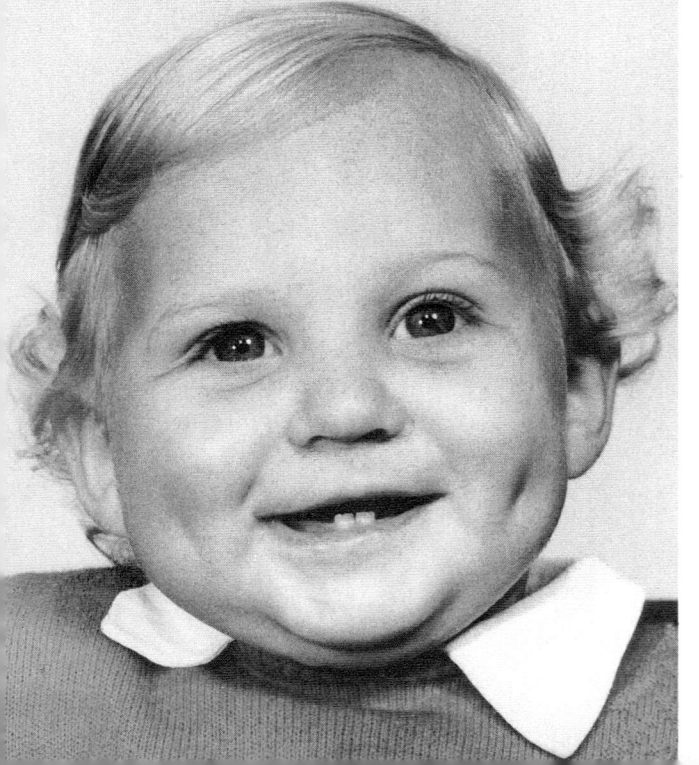

oben: **Als meine Vorhand noch
schlummerte**
links: **Auf dem Weg zum Beißer**

rechte Seite: **Erste Erfahrunge**
Erstes Telefonat,
erster Pokal,
erster Tennisschl
erster Sieg,
erstes Siegerpho

/ LEIBNITZ   SEKTION TENNIS

URKUNDE

Thomas Muster

erreichte bei

KINDERTURNIER 1975

den 1. Rang

Leibnitz, am 14. August   1975

Jugend Grand Prix 1983 in Villach: Muster im roten Trainingsanzug neben Alexander Antonitsch. Der zweite von rechts ist ein „gewisser" Boris Becker.

Das komfortable Club-Haus von Ogun anno 1984

1984: Erst die Südstadt – dann die Welt

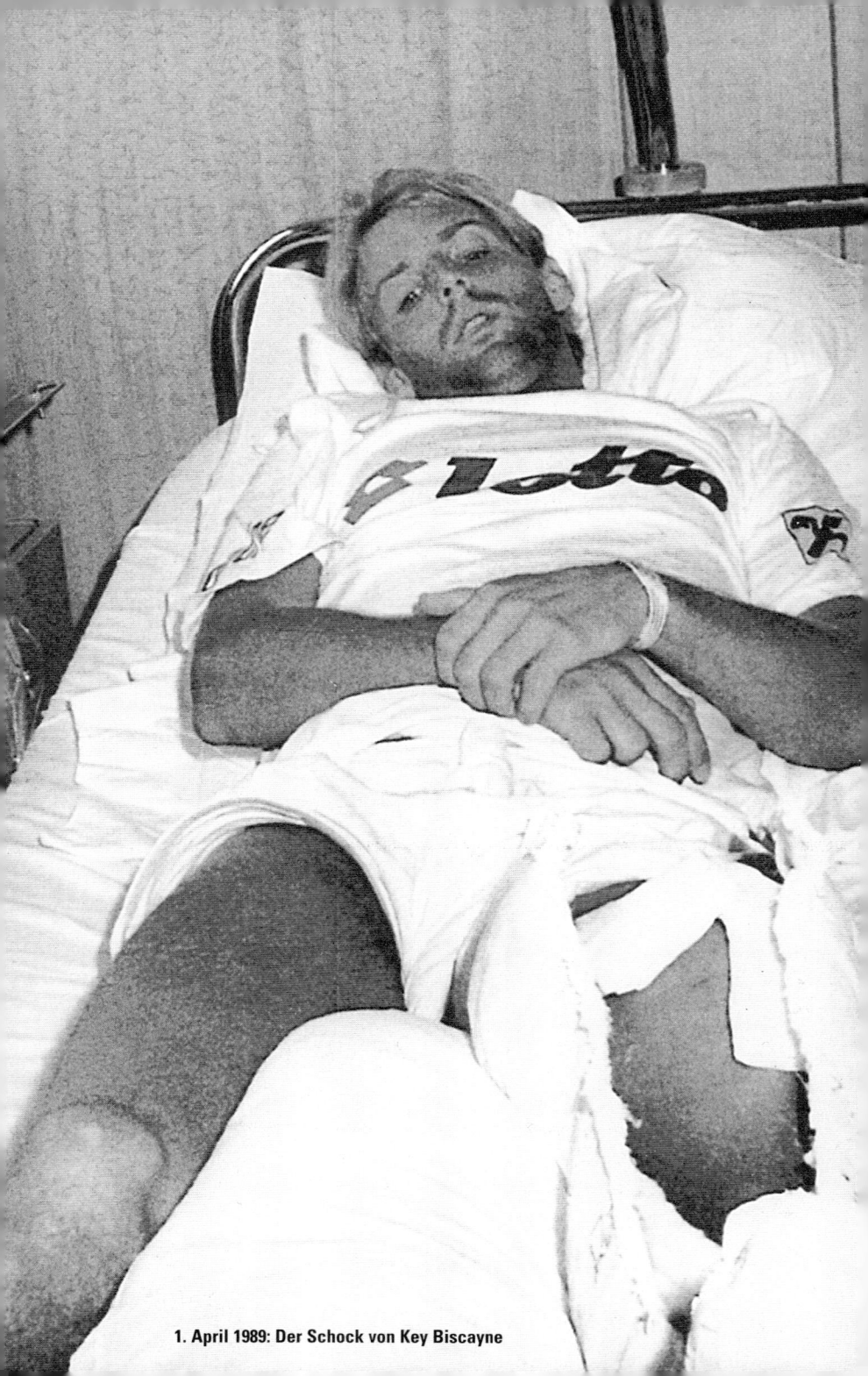

1. April 1989: Der Schock von Key Biscayne

Das Auto und ich hatten Totalschaden

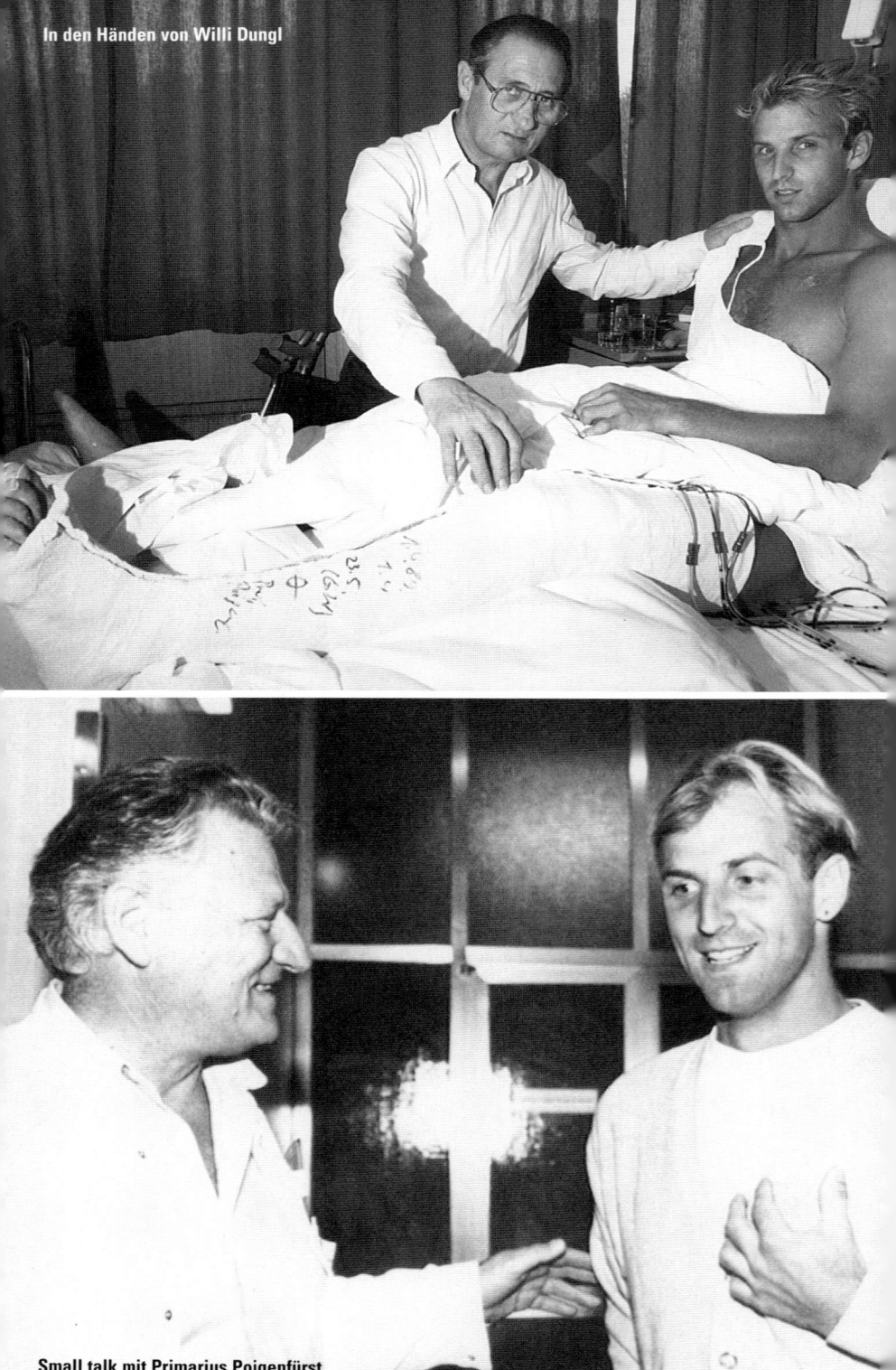

In den Händen von Willi Dungl

Small talk mit Primarius Poigenfürst

Krafttraining: Die Arme funktionieren noch

Tennis für Schwerverletzte

1990 im Praterstadion: Besprechung mit Andre Agassi

Thomas Muster

HEAD

adidas

Young Master 1987

Thomas Muster
Young Master 1987

Autogram
karten
im Wand
der Zei

HEAD

THOMAS MUSTER

lotto
Thomas Muster

lotto
Thomas Must

Ford

lotto
Thomas Muster

lotto
Thomas Muster

Wunderschöne Sekunden. Intime Momente. Ich lag da. Hörte nichts, sah nichts. Die absolute Befreiung. Gesprengte Ketten. Erleichterung. Glück. Ein Rausch. Geschafft. Felsbrocken fallen von dir ab. Zentnerschwere. Du schwebst. Du weinst. Das ist es. Dein Traum. Das hast du immer gewollt. Erinnerungen an die Kindheit. An die Eltern. Vorm Fernseher bin ich gesessen. Die zwei Wochen von Paris laufen vor dir ab. Detailliert. Gedanken an den Baum. Man kann es auch in Farben beschreiben. Alles bunt und grell. Lauter Flecken. Rot, gelb, grün, blau, orange, rot. Du möchtest stundenlang liegenbleiben, dich deinen Gefühlen hingeben.

Ich mußte aufstehen, hin zu Chang. Der wartete schon am Netz. Immer noch Applaus. Die Menschen stehen auf den Tribünen. Chang ist geschlaucht. Ein Moment des Bedauerns, ich tröstete ihn, er gratulierte. „Du hast es verdient. Gott schenkt Siege und Niederlagen." Er, der Egozentriker, meinte es ehrlich. „Ich wollte dich wie einen Fisch fangen, aber du hast mich samt dem Fischerboot aufgefressen. Du warst heute und die ganze Saison besser, hast dem Druck standgehalten."

Ronnie stand droben in der Loge, zwei oder drei Meter über der Grundlinie. Ich nichts wie hin. Ein Blick, ein Zweifel. Geht sich das aus, schon sehr hoch? Aber ja. Also bin ich raufgesprungen, raufgekraxelt, zack, irgendwie. Es hätte sich auch nicht ausgehen können. Eine Umarmung, noch eine, eine dritte. Und wieder runter auf den Platz. Zum Bankerl. Hinsetzen. Saubermachen. Schläger einpacken. Leiberl wechseln. So dreckig kannst du nicht zur Siegerehrung. Pullover drüberziehen. Trainingsjacke zumachen.

Sie bauten das Podium auf, rollten den Teppich aus, bereiteten die Siegerehrung vor. Ich hab's kaum mitbekommen, zu intensiv war ich mit mir selbst beschäftigt. Das tun sie also für dich. Ich dachte an die Vergangenheit, an die Gegenwart, an die Zukunft. Was wird sie bringen? Was ist das alles wert? Wie wird sich mein Leben ändern? Der Turnierdirektor hat gesprochen, dann wurde ich aufgerufen. Applaus. Schauer. Stolz. Rauf aufs Podest. Der französische Sportminister überreicht den Pokal, die „Coupe des Mousquetaires", das Objekt meiner Begierde. Sieben, oder achtmal hab ich das Häferl in die Höhe gestemmt und dabei angestrahlt. Blitzlichter. Worte zum Publikum. Routine. Das ist nach jedem Finale so. Diesmal war es aber doch anders. Einmalig. Mir war bewußt, daß alles, was jetzt noch in meiner Karriere folgt, nur mehr Draufgabe, nicht mehr wirklich relevant ist. Meine ersten Worte: „Es ist ein wunderbarer Tag. Hier wollte ich unbedingt stehen. Mein Kindheitstraum ist erfüllt. Ich danke meinen Eltern, ich danke Ronnie. Ich werde meinen Titel im nächsten Jahr verteidigen." Wieder Applaus. Beim Abgang schüttelte ich jedem einzelnen Ballkind die Hand. Ich weiß nicht warum, ganz spontan, es war mir danach.

Fernsehinterviews, ausnahmsweise angenehmer Streß. Die letzte Pressekonferenz. Die erste, auf die ich mich gefreut habe. Sogar auf den Journalisten, der mich immer fragt, ob das Knie noch schmerzt. Er wird mir fehlen. Ich war gefaßt. Ich habe in den vergangenen zehn Jahren gewonnen, ich habe verloren, ich war ganz oben, ich war ganz unten. Ich habe alles durchgemacht, was ein Sportler durchmachen kann. Ich konnte mit dem Erfolg umgehen. Wenn dir so etwas als 17jähriger passiert, dann drehst du vielleicht durch, fällt das Dach über dir zusammen. Mit 27 Jahren ist das anders. Da bist du erwachsen, da läßt du dich nicht mehr so leicht aus der Bahn werfen.

Ich war einfach nur stolz. Der Sieg hatte nichts mit Glück oder Gerechtigkeit zu tun. Mit meiner Courage, meiner Moral, meiner Selbstdisziplin, meinem Können. Alle haben es erwartet, und ich habe es tatsächlich geschafft, dem Druck standgehalten. Und ich habe es ganz alleine gepackt. Nur der Ronnie war dabei. Verrückte Welt. Im Jahr davor, nach der Niederlage gegen Patrick Rafter, habe ich mir im tiefsten Frust geschworen: „Nach Paris kommst du nie wieder. Das Turnier mag dich nicht."

Natürlich hatte ich im Hinterkopf Ängste. Ängste vor den Nebenerscheinungen. Ich war jetzt Nummer drei der Welt, hatte sieben Millionen Schilling verdient, der tatsächliche Wert ist kaum abschätzbar, dürfte um die 100 Millionen liegen. Dein Bekanntheitsgrad ist gestiegen, deine Popularität, du wirst als Held gefeiert. Ich will aber keiner sein. Maximal Vorbild. Man soll mich respektieren, nicht anhimmeln. Okay, Österreichische Sportgeschichte, das lasse ich gelten. „Ob ich jetzt unsterblich bin", hat einer gefragt. „Nein. Jeder Mensch ist sterblich." Und jeder Mensch ist verletzbar, bis zu einem gewissen Grad sensibel. Im Tennis zu gewinnen heißt nicht, als Mensch besser zu sein. Für mich ist es Normalität, nichts Außerirdisches. Mein Beruf. Ein Arzt rettet Leben. Und für ihn ist das nichts Außergewöhnliches. Es ist sein Beruf.

Diese Gedanken hatte ich mir schon öfters gemacht. Jetzt waren sie intensiver, auch für die Öffentlichkeit bestimmt. Ich hockte also da. Bei meiner letzten Pressekonferenz. Die Tür ging auf, der Pokal wurde reingebracht, neben mir aufs Pult gestellt. Mein Name war bereits eingraviert. Thomas Muster 1995. Pariser Perfektion. Ich hielt den Finger drauf, las es drei- oder viermal laut vor. Das hält jetzt ewig. Wenn einer in 20 Jahren vorbeischaut, steht mein Name noch immer dort. Und im Beton des Court mit der Nummer 1 werden sie „Thomas Muster" einmeißeln. Das hält ewiger als ewig. Und sollte in 1 000 Jahren ein Erdbeben kommen, werden sie es wieder aufbauen. Ich bin also eingemeißelt sterblich.

Die letzten Autogramme, Händeschütteln, Abschied nehmen. Noch ein Interview fürs Radio und die Bitte, mich fünf Tage lang in Ruhe zu lassen. Ich wollte nur weg aus Paris. Ein Ortswechsel mußte sein. Wir hatten uns ein Privatflugzeug organisiert, das wartete, war jederzeit startbereit. Ab ins Hotel. Hektisch packen. Alles in die Taschen stopfen. Keine Minute verlieren. Sehnsucht nach Österreich, nach meinen Eltern, nach meinen Freunden. Die hatten in Wien eine kleine Feier organisiert. Ich wollte meine Freude endlich teilen.

Um halb neun am Abend, drei Stunden nach dem Matchball, haben wir abgehoben. Ich schaute aus dem Fenster, blickte runter auf Paris. Es wurde kleiner und kleiner. Und ich größer und größer. Der schönste Moment seit zwei Wochen, einer der schönsten meines Lebens überhaupt. Auftrag erfüllt. Den abgesägten Baum hätte ich halt noch gerne besucht, mich für alles bedankt und ordentlich verabschiedet. Ich hab's ihm ja versprochen. Das werde ich nachholen. Irgendwann einmal. In aller Ruhe. Wenn wir zu zweit sind. Darauf kann er sich verlassen. Ich war zu sehr in der Hektik, habe keine Zeit gehabt, ein Grand Slam-Turnier zu gewinnen ist eben Streß. Er wird das verstehen. Und meinen Entschuldigung annehmen. Da bin ich sicher.

DIE ZEIT DANACH
DAS LEBEN MIT DEM SIEG

DAS REALISIEREN – *Die neuen Ziele – Der Rummel – Die Reaktionen – Viele Siege folgten – St. Pölten – Stuttgart – Kitzbühel – Ich kann nicht mehr – San Marino – Umag – US Open – Große Schmerzen – Die Müdigkeit – Und das Aufwachen*

Ich war endlich in Wien. Ein Kamerateam hat natürlich am Flughafen gewartet, das war mir klar. Die letzte Verpflichtung für fünf Tage. Ein kleines Fest im privaten Kreis. Meine Eltern waren gekommen, Freunde, Ronnies Familie, einfach Menschen, die ich mag, die mir nahestehen und die auch in schlechten Zeiten für mich da waren. Es war berührend. Mein Papa, der Gefühle kaum zeigt, hatte sogar feuchte Augen. Zumindest habe ich es mir eingebildet. Ich hatte nicht das Bedürfnis, mich zu betrinken. Ich war auch so auf der Welle.

Du vergißt deine Müdigkeit, bist innerlich aufgebracht, erzählst und erzählst, aber urplötzlich, von einer Sekunde auf die andere, gehst du ein. So um halb drei war's dann bei mir soweit. Ich hab in einem kleinen Hotel geschlafen, da wohne ich immer, wenn ich Termine in Österreich habe.

Tags darauf bin ich nach Leibnitz gefahren. Zuvor, es war auf der Tangente, sind Leute aus den Autos gesprungen, haben geschrien, „Schau, das ist er doch!" Ein Foto. Noch eins. Ich lächelte, der Verkehr stockte. Und mir war bewußt: Selber schuld, du hast eben die French Open gewonnen. In Leibnitz war es einfach schön. Ein alter Freund von mir, der Klaus, er ist heute Volksschullehrer, ist mit ein paar Kindern im Hof gestanden, die haben

„Guten Morgen, lieber Thomas" gesungen. Aber es war dezent, ich konnte ich sein. Die Leute haben mir im Golf-club zwar gratuliert, waren jedoch nie aufdringlich. Sie haben respektiert, daß ich eigentlich nur Ruhe haben wollte.

Es hatte sich nichts geändert. Wir hockten am Abend beisammen, tranken den einen oder anderen Spritzer, ich eher einen. Besuchten die Konditorei, der Kaffee, die Torte schmeckten so wie früher. Und ich gönnte mir ein bißchen Selbstlob.

Verrücktes Gedankenspiel

Ich begann die Ereignisse zu realisieren. Im Morgen-grauen, beim Fischen. Ich hatte eine gewisse Leere erwar-tet, eine kleine Sinnkrise. Dem war nicht so. Ich hätte schon am Dienstag wieder Tennis spielen können, ja sogar wollen. Habe es trotzdem nicht getan. Und ganz kurz habe ich überlegt, einfach aufzuhören, alles hinzuschmeißen. Es war aber nur so ein Gedankenspiel, absolut nichts dahin-ter.

Die Vorstellung war reizvoll, fast ein Traum. Am Höhe-punkt deiner Karriere abzutreten. Am besten noch bei der Pressekonferenz in Roland Garros. Ich hätte am Ende aufs Pult geklopft, kurz um Aufmerksamkeit gebeten. Stille im Saal. Und dann: „Meine Damen und Herren, ich möchte noch eine wichtige Mitteilung loswerden. Ich gebe hiermit meinen Rücktritt bekannt. Es war sehr schön, es hat mich sehr gefreut. Auf Wiedersehen. Danke für die Zusammen-arbeit." Ein filmreifer Abgang. Mein Hollywood.

Es wäre natürlich idiotisch gewesen. Erstens bist du er-folgreich. Mein Leben lang habe ich darauf hingearbeitet. Und jetzt hast du es geschafft. Das bestimmt deinen Marktwert neu, Millionen liegen auf der Straße. Wer sät, der erntet. Außerdem liebe ich den Sport. Jetzt noch mehr.

Ich mußte mir einen neuen Spannungsbogen aufbauen, neue Ziele setzen. So wie ich es zu Saisonbeginn gemacht habe. Da habe ich die Weltrangliste studiert, analysiert. Aha, der Chang ist Nummer vier. Was der kann, kann ich auch. Oder der XY. Was, der ist vor mir? Eine Schande. Und so bin ich sie Namen für Namen durchgegangen.

Und auch jetzt, nach dem Höhepunkt, gab es für mich keinen Grund, faul zu sein, mich zurückzulehnen. Wenn du weiter machst, mußt du ordentlich weitermachen. Jetzt bist du Nummer drei, also unternimm alles, Nummer zwei zu werden.

Ruhm ist vergänglich. Ganz besonders im Tennis. Olympiasieger bist du für vier Jahre, French Opensieger für eine Woche. So viel Zeit hast du, dich darüber zu freuen. Tennis ist schnellebiger als die Zeit. Das nächste Turnier, die nächste Aufgabe. Zurück in den Alltag. Die erste Niederlage verwischt den letzten Triumph. Nur die Gegenwart zählt.

Am Freitag hatte ich den ersten öffentlichen Auftritt. Eine Pressekonferenz in St. Pölten. Das Turnier stand an, ich war Titelverteidiger. Noch dazu ist Ronnie der Macher, St. Pölten ist sein Kind. Ich hatte eine doppelte Verantwortung. Es war alles auf mich aufgebaut, der Vorverkauf boomte.

Mit einfachen Dinge leben

Der Kulturschock hielt sich in Grenzen. Natürlich ist St. Pölten nicht Paris. Aber ich bin ein einfacher Mensch aus einfachen Verhältnissen. Und kann auch mit einfachen Dingen leben. Vertrag ist Vertrag. Ich verspürte eine gewisse Befreiung, keine Lockerheit. Ich mußte mir meine Verbissenheit bewahren. Die wahre Klasse zeigt sich oft bei kleinen Dingen. Denn für die großen, für die French Open, kann sich jeder Wappler motivieren.

Es war ungewiß, ob ich meine Form konservieren konnte, ich hatte ja fünf Tage keinen Schläger angegriffen. Ein Neubeginn. Vergiß Paris. Auch wenn du daran immer erinnert wirst. An jeder Ecke. Ich mußte mich umstellen. Ein anderer Platz, eine andere Umgebung, andere Verhältnisse. Und andere Voraussetzungen. Mein erster Gegner war Filip Dewulf aus Belgien. Und er wäre beinahe mein letzter gewesen. Er hatte drei Matchbälle. Gegen Muster in der ersten Runde in St. Pölten zu gewinnen ist für einen Dewulf ungefähr soviel wert wie für mich ein Finale bei den French Open. Soviel zur Relation.

Ich hab' die Partie umgedreht, mag sein, daß er im entscheidenden Moment einfach Schiß gekriegt hat. Hätte ich verloren, ich hätte mir keinen Vorwurf gemacht. Mein Einsatz stimmte, ich hatte alles gegeben. Mehr war nicht drin. Tennis ist eben nicht programmierbar. Auch nicht für einen French Open-Sieger. Sonst wär's kein Sport, sonst wär's uninteressant, sonst würde niemand hingehen. Hat der Schlechte einen guten und der Gute einen schlechten Tag erwischt, dann ist eben alles möglich. Daß trotzdem nicht alles möglich war, ich schlußendlich das Turnier, das 30. meiner Karriere, gewinnen konnte, sprach für mich. Für meinen Willen. Für meine Einstellung. Für meinen Kampfgeist. An schlechten Tagen war ich immer noch gut genug. Im Finale hatte ich Bohdan Ulihrach besiegt. Mein 40. Streich hintereinander. Die anderen zählten mit.

Die Woche war ein einziger Rummel. Jeder kam mit einer guten Idee daher, jeder wollte mitnaschen. Ein Autohändler hat mir ein kleines Cabrio aufgedrängt, ich habe abgelehnt, er wollte als Gegenleistung mit mir werben. Ein gutes Geschäft für ihn, ein schlechtes für mich. Dahinsiechende Musiker wollten Lieder für und Hymnen auf mich komponieren, sich in meiner Sonne bräunen. Das ist so ein Punkt, den gewisse Leute nicht akzeptieren können. Sie werfen mir dann Arroganz vor. Was, ein Auto lehnt der ab? So ein Depp. Der muß es dick haben. Mag sein. Aber wenn du marktwirtschaftlich denkst, darfst du das nicht tun. Es mindert deinen Wert. Du mußt vorsichtig bleiben. Gerade als Sieger.

Auftritte in Bierzelten, Juxveranstaltungen, Autogrammstunden wurden mir angeboten. Ungefähr drei am Tag. Für ein Jahr. Nein, danke, sicher gutgemeint. Bierzelte sind nett, aber ohne mich. Die Steiermark ehrte mich, in der Straße der Sieger wurden meine Hand und mein Fuß einbetoniert, die Abdrücke davon. Auch Eigenpromotion, aber du kannst nicht alles ablehnen. Und irgendwie rührt es mich, Ehrenbürger von Leibnitz geworden zu sein. Und all jene, die mich früher kritisierten, wußten plötzlich, daß aus mir ein ganz „Großer" werden würde.

Paris war schon weit weg. In stillen Momenten, da fiel mir wieder der Augenblick ein, als das Flugzeug abhob, ich aus dem Fenster runterblickte. Und bei diesem Gedanken war mir irrsinnig wohlig zumute, ich durchlebte alles noch einmal.

Von St. Pölten fuhr ich mit meiner Freundin nach Monte Carlo, ich war geschlaucht, der ganze Streß, die ganze Müdigkeit brachen erst jetzt richtig aus. Weg vom Tennis. Einfach faulenzen. Absolut nichts tun. Kein Termin. Keine Ehrung. Zehn Tage Pause.

Nach zehn Tagen denkst du, warum können es nicht 50 sein. Aber ich weiß genau, daß zehn reichen. Mehr ist schlecht für mich, das schlägt sich dann auf mein Spiel negativ nieder.

Das Ende der Serie

Gstaad, die nächste Station. Und wieder eine Umstellung. Die Schweiz liegt eben höher als Monte Carlo. Und Gstaad besonders hoch. Der 10. Juli, erste Runde gegen Alex Corretja. Der Tag mußte kommen, ich war darauf vorbereitet, es hätte schon in St. Pölten passieren können. Oder ein paar Tage später in Stuttgart. Corretja gewann 7:5, 6:1. Völlig verdient, er war einfach besser, ich konnte meine Möglichkeiten kaum ausschöpfen. Abgesehen davon, daß man nie gerne verliert, sah ich es recht emotionslos. Nur die Statistiker wurden arbeitslos, mich hat die Serie nie wirklich interessiert. Bei 40 ist der Film eben gerissen. Ob 4, 20, 35, 80 oder 300, alles nur Zahlen, alles nur Spielereien. Und ich war von einem gewissen Fluch befreit. Von der dämlichen Fragerei. Ob ich dem Druck standhalte, ob ich glaube, unbesiegbar zu sein? Und all dem Quatsch. Ich war Corretja fast dankbar. Er mußte jetzt reden. Was das für ein Gefühl ist, als erster den Muster zu schlagen? Seine Antwort kenne ich nicht. Sie hat mich auch nie interessiert.

Weiter nach Stuttgart. Ohne Erwartungen. Ich war natürlich als Nummer eins gesetzt, das ist man meistens als Nummer drei der Welt. Kein Becker da, kein Stich da. Armes Deutschland. Armer Muster. Denn jetzt war ich der Mittelpunkt, der von den Kameras Verfolgte, der Begehrte, der Gehetzte. Und der Verletzte.

Ein Stich im Fuß, ein heftiger Schmerz, im Training passiert. Eine Zyste im Fußbett. Ein Hohlraum im Knochen. Und der schwerst entzündet. Eine alte Geschichte. Im schlimmsten Fall drohte ein Bruch. Durch Überbeanspruchung. Eine Operation wäre dann unabdingbar. Ich schluckte Pulver. Mit Medikamenten kann man die Schmerzen lindern. Für zwei oder drei Stunden. Für ein Match. Es ist pervers. Du kannst kaum gehen. Aber Tennis spielen.

Es war verblüffend. Ich gewann Runde um Runde. Nach jedem Match ab zur Behandlung, zuvor den angeschwollenen Fuß in eine Kühlbox gesteckt. Und auf einmal stand ich im Halbfinale gegen Sergi Bruguera. Es war sein Match, sein Tag. Er führte 7:6, 5:1, hatte zwei Matchbälle. Rückstände sind mitunter befreiend. Die Niederlage vor Augen, wirst du irgendwie locker. Bruguera vergab seine ersten beiden Matchbälle. Hatte zwei weitere. 7:6, 5:3 und Einstand. Und dann, von einer Sekunde auf die andere, wurde es schwarz, fegte ein Sturm über den Weißenhof, der Sand wirbelte auf, Transparente flogen über den Platz, Äste brachen, der Schiedsrichter schrie noch pflichtgemäß Unterbrechung ins Mikrophon, ehe es den Geist aufgab.

Die Partie mußte am Sonntag vormittag fortgesetzt werden. Es war eine der Situationen, die in diesem Jahr mehrmals passiert sind. Ich wurde aus einer aussichtslosen Lage befreit. Vom Wind. Vom Sturm. Das geht ins Metaphysische, ist unerklärbar. Warum wurde das Wetter gerade im für mich günstigsten Zeitpunkt so mies? In Rom, vor ein paar Monaten, im Spiel gegen Jan Siemerink, war's genauso. Oder in Paris. Da hat es gehalten, als ich vorne lag. Gleich zweimal. Gegen Medvedev und im Finale gegen Chang.

Am Sonntag hat es immer noch geregnet, die Plätze standen unter Wasser. Nur der Centre Court und ein zweiter Match Court waren abgedeckt. Alles deutete auf eine neuerliche Verschiebung hin. Sergi saß mit seinem Vater im Clubhaus, spielte Karten. Ronnie und ich hingegen sind hinausgegangen, haben uns eingeschlagen. Der Trainingsplatz war dann ziemlich verwüstet, aber ich war vorbereitet. Das merkte ich beim Einschlagen, die Bälle flogen dorthin, wohin ich sie haben wollte. Bruguera war in der schwierigeren Position. Wir hatten es noch am Vorabend und beim Frühstück diskutiert. „Wenn er jetzt beginnt, hat er nur das getan, was er schon gestern hätte tun müssen. Verliert er, flippt er völlig aus", meinte Ronnie. Er mußte also praktisch gewinnen.

Für mich war nur der Stand, das 40:40, heikel. Es ist ungut, zu Beginn, wenn du noch nicht im Match bist, es zudem leicht nieselt, servieren zu müssen. Aber ich erwischte Sergi praktisch kalt. Bruguera riskierte bei den Returns, das hätte ich vermutlich auch gemacht. Nur riskierte er zu viel. Ich gewann das Tie-Break, im dritten Satz war sein Widerstand endgültig gebrochen – 6:2. Sergi hockte minutenlang auf seinem Sessel, den Kopf gesenkt, das Gesicht in ein Handtuch gewickelt. Ronnie war völlig euphorisch, meinte, „Das war das Tollste, was ich je von dir gesehen habe". Mag sein, daß er recht gehabt hat. Ich will jeden Tag hundert Prozent geben, an diesem 23. Juli waren es wohl mehr. Das Finale, zwei Stunden später, war nur noch Draufgabe. Ich war aufgebaut, aufgezogen, euphorisch. Und Apell, ein Doppelspezialist, der selbst überrascht war, so weit gekommen zu sein, chancenlos – 6:2, 6:2. Eine Premiere, mein erster Turniersieg in Deutschland.

Nicht unwichtig fürs Ego. Hätte es einer Anerkennung beim Nachbarn überhaupt noch bedurft, jetzt war sie da.

Genau wie der Mercedes. Katerina Witt hat ihn reinchauffiert, mir den Schlüssel überreicht. Eine kleine Aufmerksamkeit vom Turnierveranstalter. Es freut dich schon, im nächsten Augenblick fällt dir aber ein, um Gottes Willen, was mach' ich damit, ich hab ja keinen Platz. Und dann überkommt dich ein wenig Demut, du denkst, weit hast du es gebracht, andere würden sich alle Finger abschlecken. Schenkst du ihn her, einem Armen, auch blöd, der kann sich ja nicht einmal die Versicherung leisten. Also behalte ihn. Viele Leute haben alles, manche nichts. Und der Mercedes steht noch immer in Stuttgart. Abholbereit.

Es war also verblüffend. Ich kam nach Stuttgart, nur so, erwartete nichts, höchstens ein Ausscheiden in der ersten Runde. Dann die Verletzung, die Schmerzen, schlußendlich der Sieg. Erwartest du nichts, kriegst du offenbar alles. Inklusive Entzündung im Fußbett. Eine völlig neue Erkenntnis.

Schmerz laß nicht nach

Die Saison hinterließ Spuren. Viel gewinnen bedingt zwangsläufig viel spielen, viel laufen, viel Substanz verlieren. Speziell auf Sand. Und wenig Regenerationsphasen. Nicht, daß dich Siege nerven. Du kannst nie genug davon kriegen. Aber sie laugen dich aus. Deine Batterie entlädt sich, der Akku wird leer und leerer.

Und der Fuß entzündeter und entzündeter. In Amsterdam mußte ich passen. Nach einem Sieg über Markus Sinner. Ich hätte auch w. o. geben können, wollte aber nicht. Als Nummer 3 verschenkt man keine Bonuspunkte. Also habe ich mich durchs Match gequält, mir war aber bei jedem Schritt, nach jedem Stich klar: Das Turnier stehst du nicht durch. Schlag ihn und danach ist Schluß. Laß Amsterdam Amsterdam sein. Konzentrier dich auf Kitzbühel.

Laß dich von deinen Vertrauensärzten durchchecken. Und notfalls verzicht' auf Kitzbühel. Mach' dich nicht kaputter als kaputt.

Die Zyste der Nation ward geboren. Doktor Rudolf Schabus verordnete mir eine Laserbehandlung, eine Eistherapie und neue Schuheinlagen. Pro Tag wurde ich 723 mal angerufen, gefragt, ob ich spiele, ob nicht, wie es der Zyste geht, ob ich trainieren konnte oder nicht. Paris hatte mich eingeholt. Und ich war unheimlich genervt. Nicht unbedingt wegen der Schmerzen.

Ich bin mir vorgekommen wie im Zoo. Gemma Muster schauen. Bis aufs Klo sind mir die Leute nachgerannt, die Freiheit, in Ruhe pinkeln zu dürfen, hatten die anderen. Autogramme schreiben und gleichzeitig pinkeln klappt außerdem nicht. Auch wenn ich dazu bereit gewesen wäre. Ihre Kameras haben sie mir in die Nasenlöcher gesteckt, jeder Schritt wurde beobachtet. Ein Sponsortermin, noch einer, dann Street-Tennis. Da mußt du hin, dort auch, mit denen mußt du schon ein paar Worte wechseln, mit denen auch, bei jenen reicht ein nettes „Grüß Gott". Das Fernsehen will was. Und dauernd „Tom, Tom, Tom, Tom". Im Interviewraum gafften mich nach den Spielen 100 wildfremde Gesichter an, kaum Journalisten, lauter Adabeis, vom Tennis keine Ahnung. Und gefragt haben sie dumm, ich grantelte. „Wie es der Zyste geht, wollen Sie wissen?" „Dann fragen sie die Zyste!" Ich konnte meinen Namen nicht mehr hören.

Im nachhinein war es mir ein wenig unangenehm. Schließlich ist es mein Job. Schließlich werde ich, gerade in Kitzbühel, gut bezahlt. Aber es war eine Spur zuviel. Ich war einfach satt. Ich habe mich dann bei einer Pressekonferenz für mein Verhalten entschuldigt. Auch Journalisten haben ein Recht auf eine vernünftige Antwort. Und mir sollte dabei kein Stein aus der Krone fallen.

So nebenbei mußte ich ja auch noch Tennis spielen. Und meinen Fuß behandeln lassen. Heimturniere sind anders. Ob ich in Mexiko, Casablanca oder Hinterindien ausscheide oder angefressen bin, ist maximal eine Kurznotiz. In Kitzbühel zählt jedes Wort. Das beste Mittel, da halbwegs durchzukommen, ist, dein Tennis sprechen zu lassen. Ich schlug Gilbert Schaller, schaffte den Finaleinzug, traf auf Alberto Costa. Und wieder war Paris gegenwärtig, die mühsame Fünfsatz-Partie im Viertelfinale.

Ich mußte mich der Niederlage einfach hingeben. Einfach ist falsch, es war unheimlich aufreibend. Ich gewann zwar den ersten Satz, merkte aber da schon, das wird eng. Ich war am absoluten Limit meiner körperlichen, geistigen und moralischen Fähigkeiten, holte noch den 1:2 Satzrückstand auf, glich aus, pfiff aber schon am letzten Loch. Eine atypische Situation. Normal gewinnt der Muster, der Kämpfer, der Kraftlackel, der Willensstarke so eine Partie. Kitzbühel war aber nicht normal. Costa spürte meine Verwundbarkeit, setzte zu, nützte gleich den ersten Matchball. Kitzbühel wurde sein Paris. Und es war völlig verdient.

Ich war zu fertig, um mich zu ärgern. Hauptsache überstanden. Ich mußte zum nächsten Termin, zum Turnier nach San Marino. Am Abend hätte ich noch aus Kitzbühel weg sollen, ich verschob aber die Abreise um einen Tag, denn mir fehlte die Kraft fürs Kofferpacken. Ich fuhr mit Ronnie ins Golfrestaurant, dort warteten meine Eltern und ein paar Freunde. Zurück ins Quartier, Fernseher aufdrehen, auf die Couch legen und glotzen. An den Film, sofern es überhaupt einen gab, kann ich mich nicht erinnern. Ich muß wohl eingeschlafen sein.

Da mußt du durch

Mein Leben ist geplant. Gefühlsmäßig hätte ich gern auf San Marino verzichtet. Und ich hätte dem Veranstalter gegenüber gar kein schlechtes Gewissen haben müssen. Ein Attest hätte gereicht, ich war ja tatsächlich verletzt. Vernunftmäßig und rechnerisch betrachtet, mußte ich San Marino spielen. Das gibt wichtige Punkte für die Weltrangliste, einen Polster fürs nächste Jahr. Hirn schlug Herz, ich fuhr hin. Und gewann das Endspiel gegen Andrea Gaudenzi. Eine Kurznotiz. Für mich eine Bestätigung.

Die anderen aus den Top ten waren längst in Amerika, bereiteten sich auf Hartplatz auf die US Open vor. Ich blieb in Europa. Ich blieb auf Sand. Mir hätte Amerika nichts gebracht. Zu wenig Praxis. Zu viele Niederlagen. Zu viele Pausen. Ich wollte zu den US Open selbstbewußt und körperlich stark fahren. Und das werde ich auf Sand.

Das Turnier in Umag als letzte Vorbereitung. Ich simulierte dort das Leben in New York. Lange aufbleiben, spät essen, spät trainieren. Ich spielte meine Matches erst um 16 Uhr, also 10 Uhr amerikanischer Zeit. Umag liegt in Istrien, gleich bei Triest, du kannst nach Italien fast rüberschauen. Aber es gehört doch zu Kroatien. Und in Kroatien wurde gekämpft. Es stellte sich natürlich die Frage nach der Moral. Soll man dort spielen? Ist das vertretbar? Wird einem die Sicherheit garantiert? Bundespräsident Thomas Klestil hat gemeint: „Gerade der Sport kann hier zu einer positiven Ablenkung verhelfen."

Außerdem bin ich Sportler, kein Politiker. Die ATP untersuchte die Lage und entschied: Das Turnier findet statt. Also habe ich gepielt, und der Krieg war weit weg.

Der Turniersieg war auch weit weg. Sehr weit. Das Schwierigste ist immer, den Rhythmus, die Konzentration in den beiden ersten Runden zu finden. Im Semifinale, eine harte Partie mit Clavet. Sandplatztennis auf Biegen und Brechen. Die bessere Taktik entschied zu meinen Gunsten.

Statt der Nachtruhe, eine Hochzeit im Hotel. Mit Live-Musik bis halb fünf in der Früh. An vieles war zu denken, sicher nicht an Schlaf. Glücklicherweise wurde das Finale am späteren Nachmittag gespielt, ich konnte länger im Bett bleiben.

Endspielgegner Carlos Costa. Wieder eine Erinnerung an Paris. Und wieder so ein fast mystisches Spiel. Ich war abwesend, ohne jegliche Kraft, Costa war anwesend. Nach nicht einmal einer Stunde hatte er drei Matchbälle, es stand 6:3, 5:2 für ihn. Ohne Gegenwehr meinerseits. Und er servierte. Da schoß mir Adrenalin ein. Ich wollte einfach nicht verlieren. Plötzlich war mir bewußt, daß ich das

Match neu beginnen muß. Ich wehrte die Matchbälle ab, Costa holte auf, abermals lag ich vorne, wieder glich er aus, ehe ich denkbar knapp mit 6:4 im dritten Satz erfolgreich blieb. Zum zweiten Mal in diesem Jahr hatte ich Costa nach Matchbällen für ihn geschlagen. Und er fragte sich: „Wie konnte ich das verlieren?" Ich wußte es auch nicht. Vielleicht reicht meine Aura, vielleicht scheitern die Gegner am Wissen, den Muster muß man 25 mal derschlagen. Vielleicht haben sie einfach Angst. Vielleicht denken sie zuviel nach. Nur ist das nicht mein Problem. Es war jedenfalls mein 33. Turniersieg, der zehnte in diesem Jahr. Ich hatte den Rekord von Pete Sampras eingestellt.

Noch am selben Abend flogen Ronnie und ich nach Paris, am nächsten Morgen weiter nach New York, wo die US Open schon begonnen hatten. Ich mag die US Open nicht. Zu laut, zu hektisch, zu amerikanisch, die Verpflegung grauslich, das Stadion in Flushing Meadow überhaupt häßlich. Wir Europäer werden dort wie das Letzte behandelt, die haben ihren Sampras, vor allem ihren Agassi, alles andere zählt wenig, zum Beispiel der French Open-Sieger. Ich erwartete nichts, mir war alles recht, reine Draufgabe. Auf Hartplatz bin ich sicher nicht die Nummer drei, das war mir klar. Ich blieb in meinen Möglichkeiten, schlug Luke Jensen, Mark Woodforde und Francisco Clavet. Gegen Jim Courier war ich chancenlos, 3:6, 0:6, 6:7. Hätte ich nicht die vier Blasen am linken Fuß gehabt, wäre der Zehennagel nicht gebrochen gewesen, es hätte sich vermutlich auch nichts geändert. Es war nicht die Angst vor Courier, es war meine Erschöpfung, meine fehlende Energie. Und ich war irgendwie froh wegzukommen, ein paar Tage mehr Pause zu haben, um dann nach Bukarest zu fliegen. Mich vermißte keiner in New York. Und ich vermißte auch nichts.

In Bukarest spielte ich mein letztes Sandplatzturnier in diesem Jahr. Ein letztes Ziel, eine letzte Motivation. Trotz der Müdigkeit von New York. Trotz des Energieverlustes. Trotz der Blasen an den Füßen. Bukarest war so ein Pünktchen in meinem Plan. Das fehlte mir noch in meiner Sammlung.

Ich fühlte mich wohl in Rumänien. Von der ersten Minute an. Das Turnier hat sich gut entwickelt, ist bestens organisiert, hoch dotiert. Und stark besetzt. Stich war da. Bruguera war da. Stich genau eine Runde lang, Bruguera bis zum Viertelfinale. Es gibt eben Dinge, die du nicht beeinflussen kannst. Das erledigen andere für dich. Die Beine, mein größtes Kapital, funktionierten wieder. Meine Schläge kamen präzise, hatten die richtige Länge, die nötige Härte. Und schon wieder bist du im Finale. Ohne Satzverlust. Und dann triffst du im Endspiel auf Gilbert Schaller, siegst 6:3, 6:4. Und dann hast du den Weltrekord: elf Turniere in einer Saison gewonnen. Nicht irgendwelche, die größten, die wichtigsten auf Sand. Und dann bist du stolz. Nicht auf den Weltrekord, das ist beliebig, zwar ganz nett, nichts Offizielles, eine reine Spielerei. Du bist stolz auf dich, auf deine Leistungen.

Mich überkam ein wenig Wehmut. Auf Wiedersehen Sand. Im März 1996 sehen wir uns wieder. Werden wir wieder so gut miteinander auskommen? Es liegt wohl an mir, nicht an dir. Bis dahin, das ist mir klar, werde ich mit Niederlagen leben müssen. In den finsteren Hallen, auf den blauen, grünen oder roten Teppichen. Frust ist angesagt. Und die Gegner werden nicht „Oje, der Muster", sondern „Net so schlecht, der Muster, das kann viel Punkte bringen", sagen. Mein Bonus ist weg, die Sperren in den Hirnen fallen. Andere Vorzeichen. Ich muß daran arbeiten, daß die Vorzeichen gar nicht mehr so anders sind. Irgendwann einmal. Möglichst bald.

DER ANFANG
EIN BUB AUS LEIBNITZ

FUSSBALL ODER TENNIS – *Mein erster Schläger – Die schulischen Probleme – M wie Luster – Held vom Bezirk – Pokale für die Sittiche – Ein Kind als Pendler*

Kindheitserinnerungen haben oft mit Weihnachten zu tun. Das verschneite Leibnitz, die Weinberge, der Duft der Bäckereien, der Christbaum, das Stille Nacht. Und die Packerln. Meine Eltern hatten wirklich nicht viel Geld. Mein Vater Heinz arbeitete beim Bundesheer, meine Mutter Inge als Verkäuferin in einem Sportgeschäft. Aber unterm Baum ist immer etwas gelegen. Dazu hatte es allemal gereicht. Ich war neun oder zehn Jahre alt, spielte schon fleißig Tennis. In einem Leiberl, in einer Turnhose. Die Erwachsenen im Tennisclub hatten schicke Trainingsanzüge an, so seidene, glitzernde. Sündteure Dinger. Hätte ich auch gerne gehabt. Man muß ja was darstellen. Und in einem so feschen Gewand spielt man sicher dreimal so gut. Vergiß' es, so etwas kriegst du nie.

Und da lag ein Packerl. Ein gar nicht so großes. Und ein zweites. Ein relativ kleines. Also erst das kleine aufmachen. Wahnsinn. Ein Walkman. Mit einer Democassette: „Ein Bett im Kornfeld". Und auch vom Udo Jürgens war was drauf. Unglaublich. Das kleine Packerl war praktisch das große, mußte es sein. Ich hatte auch meinen Walkman. Die schönsten Weihnachten. Jetzt schon.

Aber da war auch noch das andere Packerl, das größere, das weichere. Also aufreißen. Reinschauen. Schnell. Die Mama hatte ja gekocht. Das Essen wird kalt. Beeil dich. Und da war er, der seidene Trainingsanzug. Viel schöner als der von den Erwachsenen. Die werden schauen, den kleinen Thomas bewundern, fast beneiden. Ich war einfach glücklich, habe ihn tagelang nicht ausgezogen.

Ich mußte mich dauernd bewegen. Das war angeblich schon im Kindergarten „Sparefroh" so, die Hauptaufgabe der Tante war es, mir nachzulaufen, mich einzufangen. Fußball bedeutete mir alles. Und Radfahren. Und Skifahren. Und Eisstockschießen.

Mein Vater hat im Bezirk Fußballmannschaften betreut, er hat mich zum Training mitgenommen, mir einen Ball in die Hand gedrückt und gesagt: „Spiel ein bisserl, damit du auch einmal ein guter Fußballer wirst." Und ich kickte auf den Nebenplätzen. Mit Begeisterung. Und wurde immer besser.

Viel zu teuer

Der Tennisplatz in Leibnitz war fünf Minuten von unserer Wohnung entfernt. Mit dem Radl bin ich oft vorbeigefahren, ab und zu abgestiegen, um den Erwachsenen zuzuschauen. Vergiß' es. Das ist nichts für dich. Zu teuer. Ein Sport für die besseren Leut.

Aber er hat mich fasziniert. Kinder können stur sein. Besonders in den Schulferien 1975. „Bitte einen Schläger Papa, ich möchte Tennis spielen." Väter sind manchmal auch stur, zunächst ein klares Nein. „600 Schilling", hat er gesagt, „sind einfach zuviel. Für einmal probieren, zahlt sich diese Investition nicht aus." Aber er gab doch nach, kaufte mir einen Tennisschläger: Marke Snauwaert, Farbe Orange, Preis 600 Schilling. Ich drosch den Ball stundenlang gegen die Hausmauer. Nicht, daß ich den Fußball vernachlässigt hätte, aber es mußte sein. Die Tage waren ja lang genug.

Meine Eltern meldeten mich zum Kindertenniskurs an. Auf mein Bitten. Auf mein Betteln. Zum Abschluß, nach einer Woche, kurz vor Ferienende, gab's einen Wettbewerb. Die Regeln: Den Ball so oft wie möglich übers Netz schupfen, und zwar so, daß er im kleinen Feld aufkommt. Der Sieger, und das mit deutlichem Vorsprung: Thomas Muster.

Ich war ein Zerrissener. Zwischen Fußball und Tennis. 1977 mein erster Turniersieg, die Stadtmeisterschaft von Leibnitz. Mein erster Pokal. Die erste Erwähnung in einer Zeitung, eine Notiz im Bezirksblatt. Ich war wer, also nervte ich die Großen im Tennisclub. „Bitte spiel' mit mir." „Warum nicht?" „Ich will aber." „Geh komm." „Du mußt mit mir spielen. Nur eine Viertelstunde." Und die Leibnitzer erbarmten sich eines Zehnjährigen.

Mein Vater, meine Mutter erbarmten sich auch. Denn als linker Flügel war ich in der Schülerliga praktisch unersetzbar, ich rannte für drei bis vier. War ein Perfektionist, gab keinen Ball auf, zeigte Mannschaftsgeist, versuchte jeden Fehler auszubessern, die eigenen, die der anderen. Trotzdem wurde ich zum Tormann umfunktioniert. Ich flog in Leibnitz und Umgebung von Kreuzeck zu Kreuzeck. Dem Leistungszentrum in Graz sind meine Paraden nicht entgangen, die Einberufung war die eine Folge, ein tiefer Seufzer meines Vaters die andere.

Er sei ja nicht krank, mich drei- oder viermal in der Woche nach Graz zu chauffieren, das sei ein Ding der Unmöglichkeit, hat er gesagt, schließlich müsse er ja auch Geld verdienen, das Bundesheer habe ein Recht auf seinen Vizeleutnant Heinz Muster. Es war Streß für ihn. Ein regionales Tennisturnier, zwischendurch ein Fußballmatch gewonnen, zurück zum Finale, Vorrunde zu den Stadtmeisterschaften, Training für die Schülerliga.

Thomas' Entscheidung

Eine Entscheidung mußte fallen. Argumente wurden abgewogen, die Für und Wider besprochen. Für Fußball, gegen Tennis. Gegen Fußball, für Tennis. Ich durfte wählen, meine Eltern hätten das eine oder das andere akzeptiert. Ein innerer, mehrtägiger Kampf folgte, beides war toll, beides machte Spaß. Letztendlich hat mich mein Vater überzeugt. Überzeugt vom Tennis. „Fußball", hat er gesagt, „Fußball kannst du noch immer spielen, falls es mit dem Tennis nicht klappt. Tennis ist gescheiter, nicht so gefährlich. Wenn du eine über die Röhrln kriegst, ist alles vorbei." Und ich nickte. Das zufriedene, erleichterte Nicken eines Zwölfjährigen. Daran, daß ich später einmal Tischler werden wollte, hatte sich ja nichts geändert.

In Leibnitz war ich also wer. Der jüngste Stadtmeister aller Zeiten. Und im Bezirk wurde ich wer. Der jüngste Bezirksmeister aller Zeiten. Gleich in mehreren Altersklassen. Erst Leibnitz, dann der Bezirk, dann die Region. Und aus den Notizen wurden Einspalter.

Die steirischen Meisterschaften. Ich traf gleich in der ersten Runde auf Gernot Hübl, den Favoriten, der um ein Jahr älter war als ich. Ich hatte Satzball, verlor 6:7, 3:6. Wolfgang del Negro, damals Jugendtrainer beim ÖTV, hatte das Match gesehen. Aus ihrem Sohn könne etwas werden, hat er meinem Vater gesagt, er müsse aber unbedingt nach Graz zum Verbandstraining, gehöre ordentlich ausgebildet. Und aus mir wurde ein Pendler. Leibnitz, Graz, Leibnitz. Viermal die Woche.

Die Pokalsammlung wurde größer und größer, mein Zimmer war vollgerammelt mit Häferln. Massenhaft Urkunden, unzählige Medaillen schmückten, verschandelten die Wände. Und dazwischen hing der Poster von James Dean. Meine drei Wellensittiche Fipsi, Burli und Maxi – ich weiß, die Namen sind nicht unbedingt originell – hatten ihren Spaß mit der Sammlung. Sie hockten in und auf den Trophäen, zerfetzten die Urkunden. Aber ich sorgte ja für Nachschub.

Die Schule war freilich ein Problem. Ich hatte kein Sitzfleisch, war unkonzentriert, die absolute Katastrophe, konnte nicht zuhören, habe nur ans Training gedacht. Wollte mich bewegen, bin 15 mal pro Stunde aufgestanden, zum Papierkorb gerannt, um irgend etwas wegzuschmeißen. „Muster bleib endlich ruhig sitzen."

Can I have a T-Shirt?

Mathematik war der Horror, Englisch eine Strafe, mein Wortschatz beschränkte sich auf „Can I have a T-Shirt?" Diesen Satz hatte ich auswendig gelernt, weil er absolut notwendig war. Ich durfte in Graz bei einer Gala mit Wojtek Fibak und Ilie Nastase Ballbub sein, wollte Nastase unbedingt ein Leiberl abschnorren. Also fragte ich ihn ganz schüchtern. „Can I have a T-Shirt?" Er gab mir eins, ein viel zu großes natürlich, es ging mir bis zu den Knien. Zehn Jahre lang habe ich es gehabt. Englisch war doch relativ wichtig.

Ich wechselte von der Hauptschule 1 ins Gymnasium, nach einem halben Jahr kehrte ich zurück in die Hauptschule, allerdings in die Zweier. Die hatten andere Lehrbücher, ich hätte mehr Aufwand betreiben müssen, das Training war dagegen, ein Tag hat eben nur 24 Stunden. Zudem war ich leichter Legastheniker, das bin ich heute noch.

Die Rückkehr in die Hauptschule gestaltete sich insofern kompliziert, da Kinder mit den Anfangsbuchstaben A bis L am Vormittag Unterricht hatten, jene von M bis Z auch am Nachmittag. Ich aber sollte ja in Graz trainieren, hieß leider Muster, nicht Luster. Also mußte ein Antrag gestellt werden, mich zu verlegen, er wurde bewilligt, ich durfte als M in die Hauptschule 1, zu den A bis L. Die Einser hatte wiederum andere Bücher, ich hatte den Grundstock von der Zweier, das klingt verwirrend, war es auch. Aber, und darauf kam es mir an: Ich konnte mit dem Zug nach Graz pendeln. Und Tennis spielen. Obwohl ich Muster hieß.

DIE SÜDSTADT
LETZTE VORBEREITUNG

Das Internat – *Die Trennung von zu Hause – Der Schani aus der Steiermark – „Aus Ihnen wird nie etwas" – Die Arbeit mit Francker – Reise nach Südamerika – Training mit Lendl – Begegnung mit Ronnie – Wir haben es riskiert*

1982, nach Absolvierung der Hauptschule, übersiedelte ich in die Südstadt. Weg aus Leibnitz. Weg von der Familie. Tristesse, ein Schock, ich war zunächst einmal nur traurig. Nach drei Wochen habe ich meine Mutter angerufen, ins Telefon geschluchzt, „Ich halte es nicht aus, hol' mich bitte da wieder raus!". Und sie schluchzte zurück. „Komm, beiß die Zähne zusammen, am Wochenende darfst du eh heim." Sie mußte hart bleiben, das Internat war nicht gerade billig, der Verband übernahm zwar einen Teil der Kosten, aber so drei- bis viertausend Schilling mußte man pro Monat zuschießen.

Es war deprimierend. Immer nur Wind. Alles grau. Keine Hügel. Keine Weinberge. Autobahn und Industrie. Noch viel schlimmer als die Umgebung war die Einsamkeit. Keiner hat dir zugehört, du mußtest alles in dich reinfressen. Die Zimmer waren karg eingerichtet, zwei Betten, ein Kasten, ein Tisch, zwei Sessel, sonst nichts. Fuß an Fuß ist man gelegen, Freundschaften waren praktisch ausgeschlossen, hattest du dich an den einen Mitbewohner gewöhnt, wurde dir ein anderer reingelegt. Ich war einer der Jüngsten, noch dazu ein Steirer mit dem dazugehörigen Dialekt, einer vom Land, ein G'scherter eben. Der volle Schani. Es herrschte im Internat eine strenge Hierarchie, eine Hackordnung wie im Hendlstall. Erst die Älteren, dann lange nichts, dann ich. Sind die Alten heimgekommen, mußten die Kleinen – die Neuen – drei Stockwerke raufrennen, den Liftknopf drücken, die Herren vom Erdgeschoß abholen. Wir waren praktisch die Schlüssel zum Aufzug.

Am Wochenende durfte ich heim nach Leibnitz, meine Mutter hat mir vor der Abreise immer Süßigkeiten oder Kekse eingepackt. Was ich im Zug verdrücken konnte, habe ich verdrückt, der Rest wurde mir in der Südstadt abgenommen. Abgenommen heißt weggefressen. Von den Großen.

Es waren ja nicht nur Tennisspieler im Internat. Fußballer, Fechter, Judokas. Vor allem Fußballer. Der Kühbauer, der Michorl. Es gab totale Feindseligkeiten. Sportart gegen Sportart. Und in den jeweiligen Sparten war das Klima auch mies, irgendwie waren wir ja Konkurrenten, Wettkämpfer, jeder mußte praktisch gegen jeden sein.

Schule als Schlafstätte

Ich besuchte die Handelsschule Mödling, mußte sie besuchen, einen Tennis-Schulversuch gab's damals noch nicht. Wickel waren vorprogrammiert. Mit dem Herrn Direktor-Stellvertreter. Er beschwerte sich permanent, weil ich ebenso permanent in der zweiten Stunde eingeschlafen bin. Meinen Einwand, wenn man um sechs Uhr in der Früh aufstehen muß, um zwei Stunden beinhart zu trainieren, ist man halt müde, ließ er nicht gelten. Und Tag für Tag hielt er mir denselben, pädagogisch wohl gut gemeinten Vortrag: „Aus Ihnen wird nie etwas, ich habe auch in der Früh am Bau Ziegel geschupft, bin dann in die Schule gegangen, habe später studiert. Sie glauben ja nicht im Ernst, daß sie mit Tennis jemals Geld verdienen werden, also sind sie doch gescheit und lernen etwas." Und ich, ohnedies vom Training müde, habe nur geantwortet, daß mir das egal sei, ich fahre sowieso bald nach Amerika, bleibe sechs Wochen dort. Der Herr Direktor-Stellvertreter: „Das werden Sie nicht, Sie sind ein Pflichtschüler." Ich bin selbstverständlich geflogen. Gleich zweimal. Nach Miami zur

Orange Bowl. Und von der Schule in Mödling. Ein letztes Highlight war das Steno-Diktat, ich habe hundertmal „Tennis ist toll" geschrieben. Soviel zur Handelsschule.

1983 wurde Stan Francker zum Nachwuchschef in die Südstadt bestellt. Eine völlig neue Erfahrung, eine andere Welt, ein anderer Wind. Vorbei die Bequemlichkeiten, vorbei das Raunzen, vorbei das Gemütliche, vorbei die Zwistigkeiten, die Eifersüchteleien auch unter den heimischen Trainern. Wäre ich noch in die Handelsschule gegangen, ich wäre schon am Weg dorthin eingeschlafen. Alles bisher Erlebte war dagegen Urlaub.

Francker hat sich in erster Linie um Horst Skoff, Alexander Antonitsch und mich gekümmert. Horst war sein Lieblingsschüler, weil er der jüngste war, die meiste Betreuung benötigte. Und erstmals wurde wirklich trainiert. Gunnar Prokop schindete mit uns Kondition. Stundenlang. Und dann spielte Francker mit uns Tennis. Auch stundenlang.

Er hat uns gelehrt, was arbeiten heißt, uns die Grundtechnik und die Grundeinstellung eingeimpft. Ihm war völlig egal, ob einer gejammert hat oder nicht, er hat sich einfach taub gestellt. Aber er hat gespürt, wann das Maß voll ist, wann der Zeitpunkt des Umfallens, des Ausgebranntseins da ist. Dann ist er zu dir gekommen, hat gesagt, „Okay, du kriegst einen Tag frei".

Francker hatte die amerikanische Mentalität. Zuckerbrot und Peitsche. Zum Training hattest du pünktlichst zu erscheinen, also waren wir meist eine halbe Stunde früher dort. Ist einer zu spät gekommen, durfte er nicht mitmachen, wurde heimgeschickt. Das war die härteste Bestrafung.

Du bist wie ein geprügelter Hund aufs Zimmer geschlichen, hattest ein schlechtes Gewissen und sonst nichts, bist am Nachmittag noch früher als normal am Tennisplatz aufgetaucht, hast dich entschuldigt. Er hat verziehen. Als Belohnung durftest du dich doppelt schinden lassen. Das Training ist dir trotzdem nur halb so schwer gefallen. Francker setzte auf individuelle Betreuung, ging auf die

Eigenheiten jedes einzelnen ein. Er sprach englisch, wir mußten ihn verstehen, also lernten wir fleißig. Ein wichtiger Nebeneffekt. „Can I have a T-Shirt" reichte längst nicht mehr.

Hart und konsequent

Südamerikatournee 1983/84, total aufregend, total heavy. 13 Wochen unterwegs. Am anderen Ende der Welt. Mexiko, Kolumbien, Brasilien. Ich war geil aufs Tennis, bärenstark, spielte zwölf Turniere, gewann sieben, führte die Jugend-Weltrangliste an. Franckers Urteil: „Mich wundern die Erfolge nicht. Ich habe selten einen Spieler gesehen, der so hart und konsequent zu sich selbst ist."

Paris 1984, Juniorenbewerb. Erste Begegnung mit Ronald Leitgeb. Er arbeitete fürs österreichische Radio. Für ihn mag das wichtig gewesen sein, mir war es relativ egal, was zählte, waren seine Beziehungen. Zu Ivan Lendl. Und vor allem zu dessen Manager Wojtek Fibak.

Fibak suchte für Lendl einen Trainingspartner, es mußte ein Linkshänder sein, Henri Leconte, sein nächster Gegner war nämlich auch einer. Und Ronnie vermittelte mich. Lendl sprach nicht viel, spulte sein Programm professionell und trocken ab, ich schoß ihm die Bälle dorthin, wohin er sie haben wollte. Danach schüchternes Händeschütteln meinerseits, ein kurzes Lächeln und ein bündiges „Thank you" seinerseits. Lendl gewann übrigens die French Open. Ronnie und ich plauderten in Roland Garros miteinander. Mehr oder weniger zufällig. Über Gott und die Welt. Und – vor allem – übers Tennis in Österreich. Er ehrgeizig, ich ehrgeizig, beide ein bisserl unzufrieden. Es fehle das professionelle Management, die Südstadt sei nicht das Gelbe vom Ei, meinte er, bestätigte ich. „Auf Wiedersehen, man sieht sich wieder."

Ich schnupperte ins Herrentennis rein, durfte im Daviscup gegen Norwegen debütieren. Beim Stande von 3:0, als alles entschieden war. 6:0, 6:3 gegen Toni Jönsson.

Kitzbühel 1984, mein erster Grand-Prix, die Premiere. Dank einer Wild Card. Das Wochenende davor durfte ich mit Wojtek Fibak trainieren. Er war einer der Stars des Turniers. Jeff Borowiak, ein Routiner, war mein erster Gegner. Ich schoß ihn aus den Schuhen, der Centre Court war voll besetzt, der Applaus kräftig, ich rundum zufrieden. Auch mit dem Los, ich traf auf Henri Leconte.

Eine fast gespenstische Situation. Er war eines meiner Vorbilder, ich kannte ihn vom Fernsehen, und auf einmal stand er vis à vis. In einem richtigen Match. Er gewann logischerweise, 6:4, 6:3, recht knapp. Es gibt Niederlagen die frustrieren. Und solche, die aufbauen. Zum Beispiel jene gegen Leconte. Ich konnte mithalten, vom Tempo und von der Härte der Schläge her. Es fehlte wirklich nicht viel. Die Routine, die Abgebrühtheit, die letzte Konsequenz bei den Big Points. Aber ich war ja erst 16.

Gemeinsamer Weg

Ronnie weilte natürlich auch in Kitzbühel. Man sah sich also wieder. Das Gespräch von Paris wurde fortgesetzt, konkretisiert. Fibak meinte, wir sollten es gemeinsam versuchen, das Risiko eingehen. Eine professionelle Betreuung sei das Nonplusultra, die Voraussetzung für eine erfolgreiche Karriere. Der Weg an die Spitze sei steinig, Garantie gäbe es keine. „Aber wer nichts riskiert, gewinnt nichts. Ihr seid beide ehrgeizig und lernfähig. Ich berate euch." Und er versprach, sollte das Geld ausgehen, einzuspringen. „Ich helfe euch über die Runden." Wir mußten auf sein Angebot übrigens nie zurückgreifen.

Ronnie, der sein Medizinstudium nun endgültig vergessen konnte, und ich waren uns in zwei Stunden einig. Per Handschlag wurde der Vertrag geschlossen. Meinen Vater haben wir vor vollendete Tatsachen gestellt, sind praktisch mit der Tür ins Haus gefallen. Mitten in der Nacht. Und er hat akzeptiert. Vielleicht, weil ihm nichts anderes übriggeblieben ist.

In der Südstadt waren sie sauer. Ich gefährde das System, hieß es, schließlich zahlten sie Spesen, stellten Trainer zur Verfügung und überhaupt. Francker sah seine Autorität schwinden, meinte, das könne nicht gutgehen. „Euch beiden gebe ich keine Chance. So leid es mir tut. Schade, aus dir hätte etwas werden können."

Aus mir wurde erst einmal ein Staatsmeister. Es war in Hartberg, Ende September, ein paar Tage vor meinem 17. Geburtstag. Die Stars vollzählig versammelt, nach der ersten Runde nicht mehr, ich schlug nämlich Peter Feigl, den Titelverteidiger. Und im Finale Hans Peter Kandler. Der Generationswechsel war vollzogen. Österreich hatte eine neue Nummer eins. Mich.

Ich rückte zum Bundesheer ein, zur HSNS. Die Wickel in der Südstadt wurden in diesen Wochen heftiger, mir wurde der Rausschmiß angedroht. Sollte ich vom Verband weg wollen, erklärte Sportwart Michael Wrann, müsse ich einen Teil der Ausbildungskosten, rund eine Viertelmillion Schilling, ersetzen. Oder drei Jahre lang zwanzig Prozent meines Preisgeldes abliefern.

Ronnie verhandelte. Wochenlang. Am Ende stand ein Kompromiß. Keine Viertelmillion, auch keine Prozente, und ich durfte weiterhin in der Südstadt trainieren. Als Gegenleistung das Versprechen, Daviscup zu spielen. Damit konnten beide Seiten leben. Ich war jetzt ein richtiger Profi. Nur mir selbst verantwortlich. Und Ronnie. Der Verband ist Verband geblieben.

1985
DAS ERSTE PROFIJAHR

Leichen im Fluss – *Sand im Hotel – Explosion auf dem*
Tennisplatz – Willkommen in Afrika – Klein muß man
anfangen – Mühsam ist der Aufstieg

Afrika mußte sein. Bist du die Nummer 309 in der Weltrangliste, kannst du es dir nicht aussuchen. Du mußt um
jeden Punkt kämpfen, deine Chancen nützen, nehmen, was
kommt. Einfach klein anfangen. Das Große ergibt sich
dann sowieso von selbst. Jenseits von Afrika.

Im Februar sind Ronnie und ich aufgebrochen. Mit zwei
zusätzlichen Taschen, angefüllt nur mit Lebensmitteln und
Getränken. 70 Kilo schwer. Aufgebrochen nach Agadir.
Nach Ogun. Nach Lagos. Nach Kaduna.

Im Fluß schwammen Leichen. „Ganz normal", sagte der
österreichische Handelsdelegierte, bei dem wir in Lagos
wohnten. „Verbrecher, die von der Polizei erschossen wurden. Oder alte, verstorbene Menschen. Die werden immer
in den Fluß geworfen. Der mündet ins Meer. Begräbnisse
sind zu teuer." Die Strömung war äußerst ungünstig, jeden
Morgen wurden die Toten angeschwemmt. Zwei, drei,
manchmal vier, selten keiner. Direkt vor unserer Haustür.
Für den Gärtner ein reiner Routinejob. Die lange Stange
aus dem Schuppen holen, hin zum Steg, die Leichen weg-
stoßen, dem Fluß zurückgeben.

In der Stadt lag ein Toter. Mitten auf der Straße. Ich
fragte einen Polizisten, was mit dem passiert, er sagte gar
nichts, die Angehörigen müßten sich darum kümmern. Sie
kümmerten sich nicht. Zwei Tage später wurde ein Well-
blech drübergestülpt. Wahrscheinlich liegt er heute noch
drunter.

Schock und Abenteuer

Es war schockierend und abenteuerlich zugleich. Ein Bus wurde überfallen. Am hellichten Tag. Irgendwo im Busch. Drinnen saßen Tennisspieler. Sämtliche Schläger wurden ihnen gestohlen. Die Militärpolizisten lachten nur. Oder lallten. Sie waren meist betrunken, fuchtelten mit ihren Maschinengewehren durch die Gegend, zielten auf dich. Spaßhalber.

In Ogun ist ein Generator auf dem Tennisplatz explodiert. Ich spielte gerade gegen Gerald Mild, lag 1:6 und 0:5 zurück. Dann der Knall. Ein Kabel hing frei runter, berührte den Zaun. Worauf der unter Funken stand, fast abbrannte. Es mußte unterbrochen werden, für ein oder zwei Stunden. Mild machte dann kein Game mehr.

Das Klubhaus hatte weder Dach noch Fenster. War eigentlich kein Haus, geschweige denn ein Klub. Nur vier Mauern aus rohen Ziegeln.

Der Flughafen in Kaduna war kein richtiger Flughafen, eher ein verwilderter Schrebergarten mit Holzhütte. Du mußtest dein Gepäck selbst aus dem Flieger laden. Das Hotel hatte immerhin Air-Condition. „Schön, die Hitze hält keiner aus", sagte Ronnie und drehte sie an. Worauf wir knöcheltief im Sand standen.

Das Netz hatte Risse, der Platz war aus Lehm. Der Zaun war ein Sieb, schlug man ein As, mußte der Ballbub 100 Meter weit laufen. Immerhin gab es Ballbuben.

In Lagos erreichte ich das Finale, verlor gegen Lokalmatador Nduka Odizor. Vor 3 000 Zuschauern, darunter zwei Weiße. Der Handelsdelegierte und Ronnie. Der Sprung unter die Top 200 war geschafft, wir brachen die Reise ab, der Plan war erfüllt, die Essensvorräte verbraucht. Und ich war froh, daß ich überlebt hatte.

Es war eine beinharte Schule. Das Elend in Afrika. Die Bedingungen, unter denen du dort spielen mußtest. Die Gefahren. Die Angst vor Überfällen. Der Anblick von Leichen. Mein Ziel war, einfach so gut Tennis zu spielen, daß ich nie wieder dort hin mußte. Das hatte ich erreicht. Afrika war wichtig. Der Eintritt in die große Welt.

Land in Sicht

In Kitzbühel lag ich bereits an 127. Stelle der Rangliste, das Challenger in Belo Horizonte gewann ich, am Jahresende war ich 98., um 211 Plätze besser als im Jänner. Zugetraut hatte es uns niemand, wir verspürten eine gewisse Genugtuung. Verdient haben wir nichts, die Spesen übertrafen das Preisgeld von 83 000 Dollar ums Doppelte. Dabei hatten wir gespart, sind in den billigsten Hotels, Spelunken abgestiegen, haben uns ein Zimmer geteilt. Dank diverser Sponsoren sind wir schlußendlich plus minus Null ausgestiegen. Mehr konnte man nicht erwarten. Die mühsamen, aufwendigen Kleinigkeiten waren abgehakt. Es war Land in Sicht.

AUFSTIEG
HÄNGER UND DURCHBRUCH

DIE JAHRE 1986, 1987, 1988 – *Erster Turniersieg –*
Stillstand – Die Wende in Boston – Der erste Lauf –
1989 begann schön – Der Smash gegen Lendl –
5:0 gegen Australien

Ich war fällig für den ersten Sieg. Und fällig für einen
Ortswechsel. Verlegung des Hauptwohnsitzes nach Monte
Carlo. Der besseren Trainingsmöglichkeiten wegen. Man
kann das ganze Jahr über im Freien trainieren, es gibt immer Sparringpartner. Was für die Amerikaner Florida, ist
für die Europäer Monte Carlo. Der geringe Steuersatz war
keine Überlegung, vom Geldverdienen war ich noch meilenweit entfernt.

Ich hatte gelernt, mit Druck umzugehen, damit zu leben.
Im Daviscup gegen Portugal, gegen Griechenland. Vier
Einzel gespielt, alle vier gewonnen. Tennis war damals in
Österreich Randsportart, es gab keine Tradition, woher
auch, das Interesse war relativ gering. Die Grand Slam-
Turniere wurden im Fernsehen übertragen, das war's dann
schon.

Bist du jung, willst du einfach zu viel. Und das zu
schnell. Keine Geduld bei den Punkten, daher Eigenfehler,
daher Niederlagen. Ich mußte endlich ein Turnier durchstehen, nicht körperlich, das war kein Problem, sondern
psychisch. Das Challenger in Loipersdorf habe ich durchgestanden, das Finale gegen Stenlund inklusive.

Ich war also fällig. In Hilversum, Ende Juli 1986, ist er
dann endlich passiert. Mein erster Grand Prix-Sieg. Ich
spürte es förmlich, wir hatten fast geplant, dort zuzuschla-
gen. Erstmals konnte ich gegen „Große" gewinnen, etwa

Roland Garros

Roland Garros Anfang der 90er.
Plakat statt Pokal

Wiedersehen mit Andre Aga

Steirermen san very good!

Die Daviscup Mannschaft gegen Spanien 1995
v. l. 1. Reihe: Antonitsch, Schaller
v. l. 2. Reihe: Mandl, Leitgeb, Muster

FREITAG   3.02.9

4.02.9

5.02.

Blickkontak
Doppel-Partner Antoni

Konzentration vor dem Aufschlag

Treue Fans, stille Beobacl
Inge und Heinz Mu:

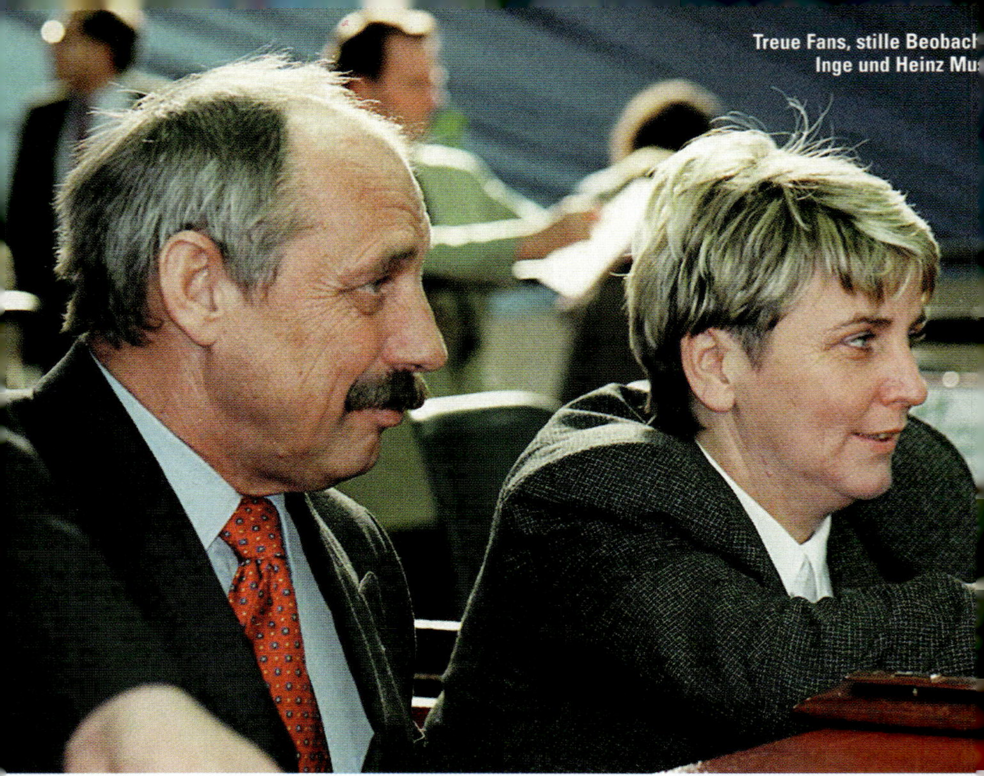

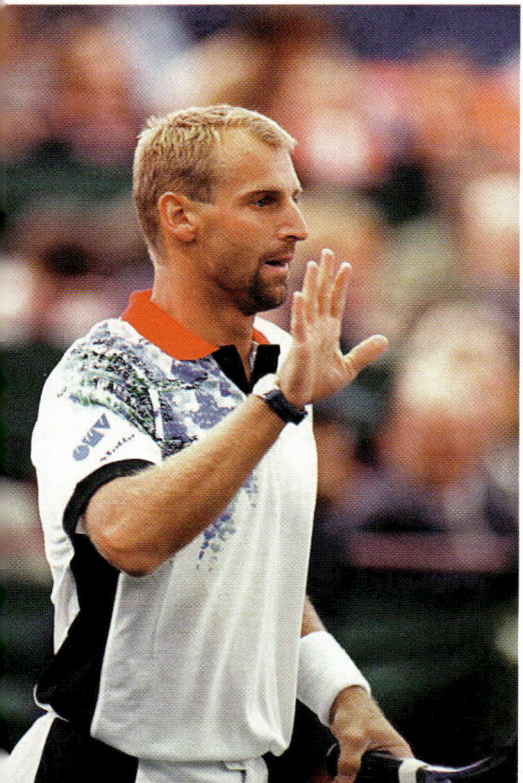

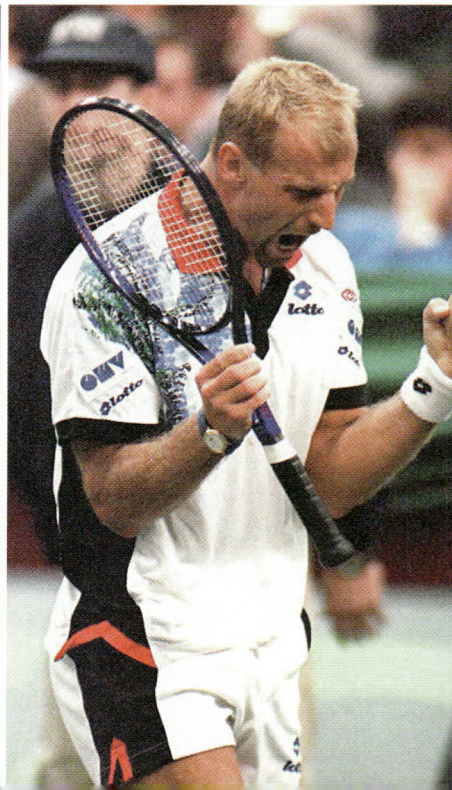

Daviscup ist Emotion

Daviscup kostet H

Ball im Visier

**Der Herrgott
meint's gut mit mir**

Monte Carlo 1995

Die Anzeigetafel lügt nicht

COURT CENTRAL · SIMPLE

4567
////
6716

T. MUSTER

contre

B. BECKER

18 04

gegen Miloslav Mecir im Viertelfinale. Im Endspiel traf ich auf Jakob Hlasek, den Schweizer, damals in Topform, in der Weltrangliste nicht deutlich, sondern um Lichtjahre vor mir plaziert. Willst du nach oben, mußt du Chancen nützen. Ich war eben gut drauf in dieser Woche. Und gar nicht so nervös, wie man vor seinem ersten Finale nervös zu sein hat. Du merkst es schon beim Einschlagen. Das könnte etwas werden. Nach den ersten Ballwechseln, nach den ersten Breaks, nach den ersten Unsicherheiten Hlaseks war mir bewußt: Das könnte nicht nur etwas werden, das wird tatsächlich etwas. Es liegt nur an Dir – 6:1, 6:3, 6:3.

Ich ballte die Fäuste, riß die Arme empor. Erleichterung, Stolz, das Wissen, es geschafft zu haben. Eine Bestätigung. Ein Anfang. Die Lust auf mehr. Das erste Mal prägt immer. Daran wird man stets erinnert. In Statistiken. In Interviews. In Artikeln. „Begonnen hatte seine Laufbahn in Hilversum."

Ronnie und ich hatten uns im Jänner das Ziel gesetzt, das Jahr unter den besten 50 zu beenden. Bereits in Hilversum hatten wir, hatte ich die Vorgabe erfüllt.

Das zweite Profijahr ist das schwierigste. Du hast es fast geschafft, aber eben nur fast. Du weißt nicht genau, wo du stehst, bist ein wenig ausgelaugt, müde von den Strapazen, den weiten Reisen, dem noch ungewohnten Aufwand. Andererseits mußt und willst du deine Resultate bestätigen, eine neue Situation, mit der du nicht leicht fertig wirst. Außerdem spielst du die großen Turniere, keine Challenger mehr. Deine Leistungskurve zeigt eine Zickzacklinie, einmal rauf, einmal runter. Mir fehlte 1987 die Konstanz. Ein Wechselspiel. Kalt, warm, kalt. Unnötige Niederlagen, überraschende Siege. In Key Biscayne traf ich auf einen ganz jungen, relativ kleingewachsenen Amerikaner. Er hatte lange Haare, war nicht einmal 17. Ein Wahnsinnstalent, der Star der Zukunft, haben alle geschwärmt. Ich siegte in fünf Sätzen. Es war übrigens Andre Agassi. Was für mich sprach, war die Tatsache, daß ich im zweiten Jahr trotzdem im Rahmen meiner Möglichkeiten geblieben bin. So zwei oder drei Runden konnte ich meistens gewinnen. Der

Absturz blieb mir erspart, ein Turniersieg allerdings auch. Ich stagnierte, wurde nicht besser, nicht schlechter, wurde schlußendlich als 56. geführt.

Feuer in Boston

Das Jahr 1988 begann katastrophal. Ich stagnierte nicht, ich war schlechter als je zuvor. Wir fuhren zu den Australian Open, das war neu, denn bisher hatten wir Weihnachten in Österreich oder Monte Carlo verbracht und trainiert. Australien paßte nicht in den Plan, in Melbourne wurde ja früher auf Rasen gespielt, das war kein Thema. Der Wechsel in den supermodernen Flinders-Park brachte einen neuen Belag: Kunststoff, praktisch für jede Art von Tennis geeignet. Und ich durfte das Einweihungsmatch des neuen Centre Courts gegen Lokalmatador und Wimbledon Sieger Pat Cash bestreiten – es war für dieses Jahr mein letztes im Flinders-Park.

Die French Open bescherten mir in der dritten Runde Boris Becker und eine Viersatz-Niederlage. Mein nächster Auftritt war Boston. Es sollte die Wende werden.

Ronnie flog nicht mit. Er hatte irgendwelche Termine, wichtige Meetings, Gespräche mit Sponsoren, jedenfalls keine Zeit. In Boston wohnte ich bei einer Familie. Nette Leute, die haben mir gleich einen Autoschlüssel in die Hand gedrückt, auf eine alte Kiste gezeigt und gemeint, die könne ich benützen. „Der Wagen sieht nicht so aus, aber er fährt. Der gehört dir für die Woche. Vollgetankt ist er auch." Den Haustorschlüssel haben sie mir ebenfalls aufgedrängt. „Damit du unabhängig bist. Außerdem sind wir heute eingeladen, wir kommen spät heim. Der Eisschrank ist voll."

Als ich vom Training heimkam, mit dem klapprigen Auto um die Ecke bog, roch es komisch. Irgendwie verbrannt. Ich parkte das Auto an der Rückseite des Hauses, der Gestank wurde nach jedem Schritt intensiver. Und aus dem Fenster qualmte es. Ich lief zum Nachbarn, der die

Feuerwehr verständigte. Ein Ofen im Keller war explodiert. Der Teppich war leicht angeschwärzt, die Tapeten auch, ansonsten war praktisch alles in Ordnung. Die Familie ist um zehn Uhr heimgekommen, hat mich gefragt, ob irgend etwas vorgefallen ist. „Ja, wir haben Gäste gehabt." „Aha, wer war denn da?" „Die Feuerwehr."

Der kann gar nichts

Boston war die Wende. Erste Runde, mühsamer Sieg gegen Jimmy Arias. Zweite Runde, ein glattes 6:2, 6:2 über einen mäßigen Qualifikanten. Jim Courier hat er geheißen. Nach dem Match traf ich zufällig Nick Bollettieri, unterhielt mich mit ihm über die Partie. „Der kann ja gar nix", sagte ich. Bollettieri hielt kurz inne, schüttelte den Kopf, belehrte mich: „Oh boy, this boy is gonna be Number One." Meine Antwort: ein Lachkrampf. Irren ist menschlich.

Dritte Runde, Andre Agassi, auch eine künftige Nummer eins. 6:1, 6:4, eines meiner besten Spiele überhaupt. Ich rief Ronnie an, der hat mir nicht geglaubt. „Du kannst nicht gegen den Agassi so hoch gewinnen." „Kann ich schon." Halbfinale gegen Bruno Oresar, kein Problem, und Ronnie mußte sein Versprechen einlösen: „Wenn Du das Endspiel erreichst, dann komme ich!" Finale gegen Lawson Duncan, weniger als kein Problem – 6:2, 6:2. Und auf einmal hielt ich einen Scheck in der Hand. 36 000 Dollar für meinen zweiten Turniersieg. Der Dollar war damals noch 20 Schilling wert. Ronnie verbrachte exakt 6 Stunden in Amerika. Aber nicht die schlechtesten. Es war der Durchbruch, ich hatte auf einmal die Konstanz, das notwendige Selbstvertrauen. Es folgten Turniersiege in Bordeaux, Prag und Bari, der 13. Platz im Computer. Und wieder war die Vorgabe erfüllt. Ronnie und ich waren voll im Plan.

Tennis boomte mittlerweile in Österreich. Wir hatten uns durch 5:0 Siege über England und Nigeria für die Weltgruppe im Daviscup qualifiziert. Australien wurde uns zugelost. Wir hatten Heimrecht. Und das Endspiel des Wiener Stadthallenturniers bestritten zwei Österreicher, Skoff und ich. Es wurde zur Farce, ich litt an einer Magenverstimmung, mußte mich mehrmals übergeben. Er gewann in vier Sätzen, ich hätte nie antreten dürfen, ein Fall von falschem Ehrgeiz.

Zu grün für Lendl

Anfang Jänner fuhr ich nach Australien. Ronnie hatte mir wieder ein Ziel für die Saison gesetzt. Top ten. Die Open standen diesmal unter ganz anderen Vorzeichen. Ich war als Nummer 15 gesetzt, hatte intensiv auf Hartplatz trainiert. Die Auslosung paßte. Zumindest bis zum Viertelfinale. Stefan Edberg, der programmgemäße Gegner. Eine fast unüberwindbare Hürde. Zu diesem Spiel ist es nie gekommen, Edberg verletzte sich am Rücken. Und ich war nach Siegen über Rive, Wekesa, Visser und Gustafsson im Halbfinale eines Grand Slam-Turniers. Ohne Viertelfinale.

Es hatte 56 Grad auf dem Centre Court. Ivan Lendl hatte die ersten beiden Sätze gewonnen, ich den dritten. Er wankte, wirkte nicht nur angeschlagen, war es ganz sicher. Vierter Satz 5:5, Breakball. Eine Vorhand meinerseits, ich machte Druck, er brachte den Ball irgendwie zurück, jedenfalls hoch und kurz, leicht erahnbar für mich. Ich rannte zum Netz, holte aus, hätte den Ball nur abtropfen lassen müssen. Aber irgend etwas ist in meinem Hirn schiefgelaufen, ein Aussetzer, ich drosch sinnlos drauf – und ins Netz. Ein Fehler bedingt den nächsten. Lendl übernaserte meine Reaktion, spürte, daß ich wütend auf mich selbst, für kurze Zeit unkonzentriert, war. 6:5 für ihn, kein Break meinerseits, im nächsten Game eines seinerseits. Vorbei der Traum. Und ich hab's gar nicht mitbekommen. Ich war wohl zu grün für ein Finale.

In Wien stand der Daviscup an. Skoff, Antonitsch und ich mutierten zu den drei Musketieren. Eine Erfindung der Medien. Wir haben brav mitgespielt. Die Australier waren von der Tradition, vom Namen her Favoriten, vom Belag her waren wir es. Denn natürlich haben wir im Dusika-Stadion einen Sandplatz legen lassen. Pat Cash und Mark Woodforde hatte nichts zu bestellen, 5:0 für uns. Somit war fix, daß wir auch im nächsten Jahr der Weltgruppe angehörten.

Ich reiste gleich danach nach Amerika. Nach Scottsdale, Indian Wells. Und nach Key Biscayne. Die Top ten im Visier.

DER UNFALL
EINE NACHT IN KEY BISCAYNE

1. April 1989 – *Höhepunkt und Tiefpunkt – Die Fahrt ins Unglück – Quietschende Reifen – Bänder gerissen – Gips – Schmerzen – Operation – Verzweiflung – Die Wochen in Gars – Das Knie wird nichts mehr – Ronnie als Freund – Die Therapie – Das Gestell – Die Qualen – Lendl als Ziel*

Wir waren zu dritt, hatten nur eine Dose Bier. Also wurde geteilt. Eine kleine Feier mußte einfach sein. Schließlich hatte ich Yannick Noah im Halbfinale besiegt. In fünf Sätzen. Nach einem 0:2 Rückstand. Ronnie hatte ausgerechnet, daß ich am Montag erstmals Top ten sein werde. Exakt Zehnter. Der Jahresplan war bereits erfüllt. Ende März. Und dem Finale gegen Ivan Lendl konnte ich gelassen entgegensehen. Nichts zu verlieren, im Gegenteil, ich war mehr als ein chancenreicher Außenseiter.

Ich mußte noch zur Pressekonferenz, es war eine Stunde vor Mitternacht, die Partie hatte sich gezogen. Ein paar Fragen, ein paar Antworten, ein kurzer Ausblick aufs Finale und Abgang. Duschen, massieren, anziehen. Und die Dose Bier zu dritt. Ein Schluck für Ronnie, einer für Wolfgang, einem Freund aus New York, einer für mich.

Ich hatte Hunger. Hätte ich keinen gehabt, wäre vermutlich nichts passiert. Nur ist es müßig, darüber zu spekulieren, wer mehr als drei Stunden gegen Noah rennt, hat eben Hunger. Zufälligkeiten folgten. Eine Turnierangestellte fragte, ob sie uns ins Hotel fahren solle, das liegt auf ihrem Heimweg, sei absolut kein Problem. Ich zuerst, „Ja, bitte, wäre nett", drei Gedanken später, „Nein, lieber nicht, wir wollen auf der Strecke kurz aussteigen, uns eine Kleinigkeit zum Essen besorgen, im Hotel muß man zu lange warten. Und ich spiele ja übermorgen das Finale, muß ordentlich schlafen. Aber sehr nett."

Das Auto der Studentin

Wir wählten den offiziellen Fahrdienst. Dazu ist er ja da. Dazu war sie da, die vom Veranstalter angeheuerte Studentin, die Chauffeuse. Ich erklärte ihr mein, unser Anliegen, meinen Hunger. Sie möge uns doch beim Shopping-Center an der Bayside absetzen, könne dann ruhig weiterfahren, müsse nicht warten, für die letzten zwei oder drei Kilometer würden wir uns ein Taxi nehmen. Sie nickte freundlich.

Und wir lachten. Im Fond. Denn sie fuhr irrsinnig schlecht. Von wegen Führerschein in der Lotterie gewonnen. Dafür war sie ortsunkundig, sie erwischte die falsche Ausfahrt, „Oh, I'm sorry", drehte an einer wahnwitzigen Stelle um, verfehlte die Auffahrt, „Oh, I'm very sorry", noch ein kleiner Umweg, wieder ein grober Schaltfehler, ein Gruß vom Getriebe. In Key Biscayne führen praktisch alle Wege zur Bayside, selbst unsere Studentin konnte sie schlußendlich nicht nichtfinden. Ich zu ihr: „Können Sie bitte stehenbleiben, wir steigen da aus." Sie hielt an, ich öffnete die Tür, sie legte den ersten Gang ein, fuhr im Schrittempo weiter. Ich schloß die Tür, dachte, okay, die ist leicht verrückt, gib' ihr halt noch ein paar Meter, sie muß ohnedies üben. 50 Meter später. „Können wir bitte jetzt aussteigen." Sie: „Nein, das ist zu gefährlich, ich drehe da vorne um, das ist sicherer." Und sie zeigte mit ihrem Finger in die Finsternis.

Vorne war eine unbeleuchtete Seitengasse, sie reversierte, ignorierte eine doppelte Sperrlinie, stoppte an der gegenüberliegenden Straßenseite. Das Heck ragte ein Stückerl in die Fahrbahn. Es war ein paar Minuten nach Mitternacht. Der 1. April hatte eben begonnen.

Flug nach dem Knall

Ich ging nach hinten zum Kofferraum, nahm meine Tasche raus, wir wollten ja mit dem Taxi zurück ins Hotel, schulterte sie. Zwischen Rausnehmen und Schultern fragte Ronnie die Studentin, ob sie auch etwas essen wolle, er steckte seinen Kopf beim Autofenster rein, stand gebückt da. Und schmiß die Türe zu. Das Geräusch des Schmeißens wurde von einem Quietschen irgendwelcher Reifen übertönt. Bruchteile von Sekunden. Ein Knall. Ich bin nur mehr geflogen. Und knapp vor der Randsteinkante, noch auf der Fahrbahn, gelandet.

Ein Griff auf den Kopf, ich fühlte eine Beule, es mußte mir jemand eine fürchterliche Watsche verabreicht haben. Wo ist die Tasche mit den Schlägern? Aha, unterm linken Reifen unseres Autos. Schau, daß du wegkommst von der Straße. Und noch so ein Geräusch. Da hat einer den Retourgang reingelegt, das typische Krachen. Und wieder ein Knall. Ein Baum zuviel. Der, der da aus dem Pontiac steigt und wankt, muß mich umgeschoben haben. Er hieß Norman Sobie. Ein Exilkubaner ohne Führerschein. Leicht betrunken, völig mittelos, am Existenzminimum lebend.

Ich war bei Bewußtsein, nur leicht benommen, geschockt, schleppte mich zu einer Hausmauer, setzte mich, lehnte mich an, atmete einmal kräftig durch. Die Schmerzen im Oberschenkel wurden heftiger, da hatte er mich mit der Stoßstange erwischt. Das linke Knie war geschwollen und aufgeschürft, die Hose zerfetzt, ich blutete stark. Ich stand auf, putzte mir den Dreck vom Trainingsanzug, sagte zu Ronnie, das wird schon wieder bis Sonntag, er solle sich keine Sorgen machen, ich werde gegen Lendl sicher spielen, notfalls mit einem Verband, das Finale lasse ich mir nicht entgehen. Ronnie war kasweiß im Gesicht, hat nur gemeint, „Bleib bitte liegen, beweg' dich ja nicht".

Erste Diagnose

Die Polizei ist eingetroffen, wenig später die Rettung. So wirklich interessiert zeigten sie sich nicht, die waren wohl mehr Blut gewöhnt. Außerdem kümmerten sie sich erst einmal um unseren Freund Wolfgang, den hatte es schlimmer erwischt, schwere Prellungen, Verbrennungen vom heißen Auspuff verursacht. Personalien aufnehmen, aha aus Österreich sind sie, welche Versicherung, die Adresse, was ich hier überhaupt mache. Und so weiter. Ronnie verständigte Turnierdirektor Cliff Buchholz, erkundigte sich nach einem Kniespezialisten, Charles Virgin wurde empfohlen. Buchholz traf an der Unfallstelle ein, rief Virgin an. Wolfgangs Fotoausrüstung wurde indessen aus dem Autowrack gestohlen. Wie im Wilden Westen. Eine Ewigkeit später sind wir im Spital, im Mercy-Krankenhaus angekommen.

Virgin hat das Knie untersucht: „Die Seitenbänder sind sicher hin, das Kreuzband wahrscheinlich auch". Der Turnierarzt wurde verständigt, man braucht ja, spielt man nicht Tennis, eine ärztliche Bestätigung. „Oh schrecklich, das gibt kein Finale." Virgin hat gemeint, es solle jetzt und hier, also in der Früh, operiert werden, ich sagte okay, willigte ein, er mußte es ja besser wissen. Ronnie hat die ganze Nacht am Krankenbett verbracht, mich getröstet, wollte quer durch die Welt telefonieren, konnte zunächst aber nicht. Er hatte weder Geld noch Kreditkarte bei sich. In ersten Meldungen hieß es, ich sei „lebensgefährlich verletzt". Ronnie mußte entwarnen, meine Eltern, meine Freunde, die Medien beruhigen. Und sich selbst wohl auch.

In der Früh bin ich dann athroskopiert aber nicht operiert worden. Denn das Kreuzband war ebenfalls ab, wegen der Schürfwunden konnte es nicht zusammengeflickt werden, die Infektionsgefahr war zu groß, man müsse, so der Arzt, zumindest eine Woche warten. Ronnie hielt indes eine Pressekonferenz ab, es galt meinen tatsächlichen Zustand zu erklären, in manchen Zeitungen lag ich bereits im Koma, war praktisch scheintot.

Wir wollten nichts wie weg aus Miami. Die fremde Umgebung, die uns nicht bekannten Chirurgen, alles war ungewiß, irgendwie unsicher. Und operiert werden konnte ohnedies nicht. Ronnie organisierte Tickets nach Wien, kaufte vier Leute aus der Lufthansa aus, damit ich im Flieger liegen konnte. Auf sich selbst hatte er vergessen, wir hätten fünf Sitze benötigt. Also stand er den Flug durch. Von Miami nach Wien. Im wahrsten Sinne des Wortes. Er hatte drei Tage nichts geschlafen.

Mir war alles egal, ich war noch von der Narkose benebelt, konnte gar nicht viel nachdenken. Tennis war weit weg, mir fehlte der Durchblick, ich hatte keine Ahnung, was Kreuz- und Seitenbandrisse wirklich bedeuten. Zu abstrakt. Nur der Gips, mein erster überhaupt, war konkret.

Es galt, einen Spezialisten zu finden, einen, der sich mit kaputten Kreuzbändern auskennt, einen Kapazunder. Ein richtiges Ausleseverfahren hat stattgefunden, Unterlagen wurden gesammelt. Der hat den zusammengeflickt, der den, der hat's wieder geschafft, bei dem ist es schief gelaufen, der kann sein Knie noch immer nicht g'scheit bewegen. Der schon. Als wäre nichts gewesen. Also nehmen wir den. Oder doch den anderen. Die Wahl fiel schlußendlich auf Johannes Poigenfürst. Der war gerade im Krankenstand, hatte eine Bandscheibenoperation hinter sich, meinte: „Ich mach's. Das ist für mich ein Ansporn, früher gesund zu werden".

Die Ratlosigkeit

Ich mußte warten. Aufs Abheilen der Wunden. Horst Skoff und Alexander Antonitsch durften derweil Tennis spielen, den Daviscup gegen Schweden. Und ich lag da im Bett. Vorm Fernseher. Vor einer Woche noch in Hochform. Und zuversichtlich. Jetzt ein halber Sportinvalide. Und ratlos. Meine Gefühle, ein Mischmasch aus Zorn, Wut, Trauer, Angezipftsein, Verzweiflung und ein bisserl Hoffnung.

Zehn Tag nach dem Unfall konnte operiert werden. Eingriff geglückt, Prognose ungewiß. Poigenfürst: „Man kann nur warten, wie sich der Heilungsprozeß entwickelt." Und ich lag einfach da. Eingegipst. Bewegungsunfähig. In neun Monaten, so Poigenfürsts Einschätzung, könne man wieder an Tennis denken. Wenn alles gut geht.

Übersiedlung nach Gars am Kamp, in Willy Dungls Gesundheitshotel, Trainings- und Rehabilitationszentrum. Die Tage lang und länger, deine Gedanken negativ und negativer. Du kommst dir unnütz vor, viel zu viel Zeit, Lust auf gar nichts. Du liest in der Zeitung, daß du auf einmal Sechster in der Weltrangliste bist, ein altes Ergebnis ist aus der Wertung geflogen. Eine Plazierung, von der du maximal geträumt hast. Jetzt war sie plötzlich Realität. Völlig pervers.

Es galt, mich zu beschäftigen, meinen Tagesablauf so zu gestalten, daß er völlig ausgefüllt, verplant war. Mit Therapien, Gesprächen, Besuchen. Und Trainingseinheiten in der Kraftkammer. Die Hände, die Arme funktionierten ja. Dumme Gedanken, Depressionen und Selbstzweifel sollten verhindert werden. So gut der Plan auch gewesen sein mag, es gab sie trotzdem, die Augenblicke der Hoffnungslosigkeit. Zur Genüge. Nie wieder Sport. Etwa am Abend vor dem Einschlafen. Wenn Kleinigkeiten nach großen Aufwänden verlangten. Und du allein bist. Das Hoseausziehen. Das vom Bad ins Bett schleppen. Und der Anblick der Krücken, die am Sessel lehnten. Immer griffbereit.

Die Machtlosigkeit

Es war die Machtlosigkeit, die nervte. Das auf fremde Hilfe Angewiesen-Sein. Ich bin durchs Hotel gekrückt, jeder Schritt wurde beobachtet, Gäste öffneten mir die Türen, rückten den Sessel zurecht, „Bitte schön, Herr Muster", „Geht's Herr Muster?", „Kann ich helfen, Herr Muster?" Hilfsbereitschaft pur. Und ich kam mir vor wie das Letzte. Gerhard Berger, der sich von seinem Feuerunfall in Imola erholte, konnte wenigstens normal gehen.

Ronnie war jeden Tag da, pendelte zwischen Gars und

Wien, hielt mich bei Laune, versuchte es zumindest, sprach mir Mut zu. „Beiß dich durch." „Das wird schon wieder." „Eine harte Prüfung." „Überwinde dich." „Der Kent Carlsson hatte mehrere Knieoperationen. Und ist wieder erfolgreich." Meine monotone Antwort: „Du weißt aber nicht, wie weh das tut."

Ein Hotel ist ein ewiges Kommen und Gehen. Immer neue Gesichter, nur meins war das alte. Die einen haben krank und abgekämpft eingecheckt, die anderen, es waren eigentlich dieselben, durften ein paar Tage später gesund und erholt auschecken. Ich aber mußte bleiben. Woche um Woche. Und immer die gleichen Fragen. Und immer noch derselbe Gipshaxn.

Ronnie hat gespürt, daß es eines Kicks bedurfte, es mußte etwas geschehen. Mit Tennis sollte es zu tun haben. Die Idee: Einen Stuhl auf einen Tennisplatz stellen, mich draufsetzen, einen Schläger nehmen, vis a vis eine Ballmaschine positionieren. Und spielen. Aus dem Sessel wurde dann ein Gestell, ausgeklügelt von Ronnie, gezimmert in der Hotelwerkstatt. Das verletzte Bein wurde seitlich stabilisiert, mit dem gesunden konnte ich mich abstützen, um die anderen Gelenke und den Rücken zu entlasten. Und die Maschine spuckte alle paar Sekunden Bälle aus. Jeden Tag zwei Stunden lang. Und ich drosch sie zurück. Offiziell, um das Gefühl nicht zu verlieren. Inoffiziell, um meine Aggressionen, meine Wut loszuwerden. Ich haßte jeden einzelnen, der mir entgegenflog. Und verachtete vor allem jene, die ich nicht erwischen konnte.

Ronnie schleppte mich zum Turnier nach Rom, um wieder einmal dabeizusein, die Atmosphäre zu schnuppern, im Mittelpunkt zu stehen. Nicht trotz, sondern gerade wegen des Gipsbeins.

Es gibt im Leben eines jeden Menschen Termine, Daten, die er nie vergißt. Matura. Hochzeit. Geburt der Kinder. Bei mir war der 24. Mai so einer, der Tag der Befreiung. Der Tag, an dem der Gips endlich abgenommen wurde. Egal wie's drunter ausschaut, Hauptsache weg mit dem lästigen, juckenden Ding.

Endlich ein Bad

Es sah gräßlich aus. Das Knie dick, der Oberschenkel dünn, dort waren einmal Muskeln. Das erste Bad. In einer riesigen Wanne. Das Wasser mit Sauerstoff angereichert. Orgasmusreif. Ich bin drinnen gelegen, spürte erstmals seit sieben Wochen, wie das Blut durchs Bein floß. Es war zwar – abgesehen vom Knie – spindeldürr, aber es lebte wieder. Und das war einfach schön.

Ich bekam ein spezielle Kniestütze umgeschnallt, begann die Therapie, die Rehabilitation. Versuchte zu gehen, zu laufen, radzufahren. Schrie vor Schmerzen. Spritzen. Pulver. Spritzen. Die Therapeutin hat unter Wasser das Knie gebogen. Immer um ein Stückerl mehr. Am nächsten Tag war's wieder um ein Grad weniger. Ein Schritt vorwärts, zwei Schritte zurück. Und über Nacht wurde es immer schlimmer. Jeder Morgen ein Neubeginn. Als ob ich gestern die Therapie ausgelassen hätte. Pfeif' drauf. Werde Tischler. Du wirst dein Bein nie wieder bis zum Hintern anwinkeln können.

Ronnie hat mich angetrieben. Umso schwächer ich wurde, umso stärker war er. Sein Optimismus, gespielt oder nicht, nervte jedenfalls. Als ich den Gips noch hatte, war wenigstens Hoffnung, der hat die Wirklichkeit zugedeckt. Ronnie sagte immer: „Du schaffst es". Er sagte es nicht, er schrie es. Ausgerechnet als ich auf dem Rad strampelte. Und die Schmerzen am heftigsten waren. „Du kannst noch so laut schreien, ich schaffe es trotzdem nicht."

Der Termin

Ich wollte keinen Menschen sehen, trennte mich von meiner Freundin, war nur mit mir beschäftigt, total ichbezogen. Und frustriert. Habe in der Hotelbar das eine oder andere getrunken, bin durch Lokale gezogen, habe irgendwelche Menschen belästigt. Und Ronnie sprach dauernd vom 18. September. Wir spielten Matches mit Vorgabe:

40:0 für mich, Ronnie versuchte das Spiel doch noch zu gewinnen. Dann nur mehr 30:0, dann 15:0, schließlich 0:0. Und nach ein paar Wochen, war die alte Relation wieder hergestellt. Ich gab ihm eine 40:0 Vorgabe.

Es war alles fixiert. Das Comeback. Die Rückkehr. Eine Exhibition gegen Ivan Lendl. Im Wiener Dusika-Stadion. Lendl wäre ja auch in Key Biscayne mein nächster Gegner gewesen. Der Neubeginn als Fortsetzung.

Den Termin, das war mir klar, mußte ich einhalten. Es war ja alles fixiert.

18. SEPTEMBER 1989
COMEBACK UND MYTHOS

FRUST UND KRIBBELN – *Ehrgeiziger Lendl – Beinahe ein Kitsch – Ausgelaugt und verbraucht*

Ich haute spontan ab. Lange vor dem 18. September. Aus Frust. Vier Tage nach Kitzbühel. Ganz heimlich, ohne es anzukündigen. Ronnie hatte keine Ahnung, wo ich steckte. Es war ein wunderschöner Morgen. Ich mußte weg vom Tennis. Das Training war einfach zu frustrierend. Ein Stück fehlte immer. Die Beine funktionierten nicht so wie vor dem Unfall. Ich war zu ungeduldig. Nichts, zumindest zu wenig, ging weiter. Ronnie wartete vergeblich auf dem Tennisplatz. Ich war irgendwo auf der Autobahn zwischen Linz und Salzburg unterwegs. Und hatte Golfschläger im Kofferraum.

Der 18. September. Mein Comeback. Die Ärzte hatten von neun Monaten Pause gesprochen. Es waren fünfeinhalb. Die Woche davor hatte ich mit Wojtek Fibak in Genf Doppel gespielt. Als letzter Test. Um nicht ganz ohne Praxis gegen Lendl anzutreten.

Das Kribbeln in der Kabine. Ausverkauftes Dusika-Stadion. Mehr als 6 000 Zuschauer. Ich nervös, hektisch, ängstlich, zweifelnd, die Erwartungen erfüllen zu können. War ja maximal zu 60 Prozent fit. Sie applaudierten, als ich den Centre Court betrat. Standen auf von ihren Stühlen. Gänsehaut. 100 Fotografen. Blitzlichter. Erhebend. Das hatte ich vermißt.

Lendl ist einer, der keine Geschenke macht. Auch nicht bei Exhibitions. Dem ist egal, ob dein Knie hin ist, der schont dich nicht. Und wenn er sieht, daß du beim Vorwärtslaufen Schwierigkeiten hast, spielt er erst recht den Stop. Er will immer gewinnen. Diese gewisse Gnadenlosigkeit zeichnet ihn aus. Genau deshalb mochte ich ihn.

Das Resultat hatte für mich ohnedies überhaupt keine Bedeutung, war belanglos, ein 3:6, 5:7. Hätte er mich gewinnen lassen, wäre der Kitsch perfekt gewesen. Aber es wäre verlogen gewesen, an der Grenze zum Betrug. Zumindest zum Selbstbetrug. Vom Lendl-Match flog ich direkt nach Barcelona, erreichte immerhin das Viertelfinale, besiegte Henri Leconte. Ich wollte unbedingt die restlichen Sandplatzturniere spielen, um wieder Tritt zu fassen.

Sicher und unsicher

Das Comeback hatte mich bestärkt, geprägt. Und zugleich verunsichert. Bestärkt, weil ich gemerkt habe, daß ich Tennis unbedingt brauche, um glücklich und zufrieden zu sein. Geprägt, weil mir klar wurde, daß alles an einem seidenen Faden hängt. Verunsichert, weil ich nach wie vor Schmerzen im Knie hatte. Die Angst, daß das Band wieder reißen könnte, war nicht das Problem, da habe ich den Ärzten blind vertraut. Die Schwierigkeit lag darin, daß mir die Substanz gefehlt hat, ich relativ schnell müde wurde. Mein Körper war total ausgelaugt, völlig verbraucht. Ich spielte noch sechs Turniere, in Wien erreichte ich sogar das Halbfinale, unterlag Kelly Evernden. Nicht die Niederlagen, mein Knie schmerzte.

Ein Mythos war entstanden. Fragen über das Comeback verfolgen mich bis heute. Es gibt zwei Theorien, die eine lautet: Erst durch den Unfall stehe ich dort, wo ich eben heute stehe, nämlich ganz oben. Die zweite besagt, die Verletzung habe alles verzögert. Ich bin Anhänger der zweiten, die Idealisierung des Unfalls halte ich für falsch. Da wurde zu viel reininterpretiert, die Leute hat das offensichtlich mehr beeindruckt als mich selbst. Ich hatte nie Alpträume. Es ist eben passiert. Aus. Ende.

1990
GEWONNEN UND DOCH VERLOREN

*Ein Auf und Ab – Sieg in Adelaide – Immer wieder
Schmerzen – Ein Glas Sekt – Unglaubliches Rom – Zu
grün für die French Open – Erfolg und Niederlage gegen
die USA – Keine Lust mehr*

Das Jahr hinterließ Spuren. Am Ende stand der Frust. Am
Anfang Adelaide. Ein Hartplatzturnier, die Vorbereitung
auf die Australian Open. Ich hatte ein längeres Aufbautraining in Wien und Monte Carlo hinter mir, Kraft, Kondition, Ausdauer und Spritzigkeit galt es zu verbessern, die
durch den Unfall bedingte Pause mußte aufgeholt, die
Angst vor Hartplätzen genommen werden. In Adelaide.
Ein Schalter in meinem Hirn ist umgekippt, ich hatte meine Aggressivität, mein Selbstvertrauen wieder. Aus einem
Test wurde ein Turniersieg. Gegen Pistolesi einen Matchball abgewehrt, dann Fitzgerald, Kratzmann, Bruguera
und zuletzt Jimmy Arias. 3:6, 6:2, 7:5. Es war der 6. Jänner, und es ist bis heute einer meiner wichtigsten Erfolge
geblieben. Erstens, weil er noch immer mein einziger auf
Hartplatz ist. Und zweitens war er das eigentliche Comeback, die offizielle Rückkehr ins Spitzentennis. Aber das
Knie schmerzte noch immer.

Es lief gut an. Daviscup in Barcelona gegen Spanien, 3:2
für uns, Aufstieg ins Viertelfinale, eine Überraschung. Skoff
gewann gegen Bruguera, ich gegen Bruguera und Emilio
Sanchez. Turniersiege in Casablanca, Kairo und Agadir. Viertelfinale gegen Italien im Dusika-Stadion, ein 5:0, eine
bemerkenswerte Szene am ersten Tag im Spiel gegen Paolo
Cane. Es war im fünften Satz. Ein Betrunkener schimpfte
und gröhlte trotz mehrmaliger Abmahnung aus seiner Loge

raus, Cane riß die Geduld, schlug mit dem Racket auf ihn ein. Worauf der Gröhler den Einschläger mit Sekt übergoß, der Übergossene einen Ball auf den Übergießer fetzte, worauf wiederum der Angefetzte der Halle verwiesen wurde, der Fetzer aber vom Schiedsrichter einen Strafpunkt erhielt. Und worauf ich zum vorentscheidenden 4:2 breaken konnte. Am nächsten Tag wurde übrigens Alkoholverbot verordnet.

Ich spielte und spielte, erreichte in Monte Carlo und München jeweils das Finale, unterlag Andrei Chesnokov und Karel Novacek, war auf Sand fast wieder der Alte. Das letzte Stückerl fehlte noch, die letzte Konsequenz, der letzte Biß. Ich konnte in den entscheidenden Momenten nicht zusetzen. Noch nicht. Vielleicht auch deshalb, weil ich nie schmerzfrei war. War eine Verletzung abgeheilt, ist sie durch zwei neue ersetzt. Zerrungen, Entzündungen. In den Beinen, in den Armen, im Rücken.

Ein Scherz wird wahr

Im Vorjahr war ich auch in Rom. Eingegipst. Auf Krücken humpelnd. Als Zuschauer. Einen Goldtaler haben sie mir damals überreicht, ich bedankte mich artig, sagte spaßhalber zum Publikum, weil man ja irgend etwas sagen mußte: „Nächstes Jahr komme ich wieder. Ohne Krücken. Und gewinne das Turnier." Es war ein Scherz, aus der Verlegenheit geboren, etwas anderes ist mir gerade nicht eingefallen. Sicherlich keine Vorahnung. Sie haben jedenfalls applaudiert. Aus Höflichkeit. Oder weil es tatsächlich witzig, zumindest grotesk war.

Ein Jahr später, am 20. Mai 1990, habe ich mich erinnert. An den Scherz. Als ich den Siegerscheck über 160 000 Dollar in den Händen hielt und wieder zum Publikum sprechen mußte. Einige davon waren sicherlich auch damals anwesend. „Es ist unwahrscheinlich. Aber ich habe es ja angekündigt." Allerdings nie geglaubt. Und nun hatte ich eine meiner besten Partien überhaupt hinter mir, ein 6:1, 6:3, 6:1 gegen Andrei Chesnokow.

Siege verdrängen Schmerzen, lassen Injektionen vergessen, steigern dein Selbstbewußtsein. Mag sein, daß ich bei den French Open zu selbstbewußt war. Es ist zu glatt gelaufen bis zum Halbfinale. Okay, ein Satzverlust gegen Paul Haarhuis, einer gegen Goran Ivanisevic. Aber das war's auch schon. In Bedrängnis bin ich nie gekommen. Mental war ich schon im Endspiel. Auf Gomez hatte ich vergessen. Ich sah mich schon mit dem Pokal in der Hand, dachte am Donnerstag bereits an den Sonntag. Und nicht an den Freitag. An Gomez, den ich im Halbfinale von Rom, also ein paar Tage zuvor, besiegt hatte. Mit dieser Situation konnte ich nicht umgehen, ich war nicht reif genug, einfach zu grün. Hinzu kam eine Regenunterbrechung. Die brachte mich völlig aus dem ohnedies nicht gefundenen Rhythmus. Gomez gewann glatt in drei Sätzen. Heute, fünf Jahre später, weiß ich, es war eine lehrreiche Erfahrung. Vielleicht war es sogar die Voraussetzung. Für den 11. Juni 1995.

Rückschläge

Mich hat das damals zurückgeworfen, ich war geschockt über meinen Irrsinn, diese Chance nicht genützt zu haben. Zwei Höhepunkte, zwei Events standen noch an, für die es sich lohnte, weiter zu arbeiten, sich weiter zu quälen, sich trotz eines Motivationsloches aufzubäumen. Das Daviscup-Halbfinale gegen die USA, das Masters in Frankfurt.

Es war Ronnies Idee, im Praterstadion zu spielen. Und da er Ideen auch in die Taten umzusetzen pflegt, spielten wir tatsächlich dort. Vor 17 000 Zuschauern. Vom 21. bis zum 24. September. Also nicht drei, sondern vier Tage lang, am Sonntag hatte es bis in die Finsternis geregnet, das letzte Einzel zwischen Skoff und Michael Chang konnte erst am Montag vollendet werden. Der Ausgang ist bekannt – 2:3. Ich war über Chang und vor allem Agassi hinweggefegt, Horst verlor seine beiden Einzel. Agassis

Reaktion, seine ersten Worte, als er nach dem 2:6, 2:6, 6:7 zum Netz kam, weiß ich noch genau: „Du mußt sehr gut geschlafen haben." Meine Antwort: „Das stimmt".

Vorwürfe gegen Skoff waren unangebracht, er selbst war am fertigsten. Ich sah es damals als persönlichen Sieg und gemeinsame Niederlage. Und sehe es heute auch so. Vom Erlebniswert, von der Atmosphäre, von der Dramaturgie her bleibt es unvergessen. Von wegen einmal den Enkerl davon erzählen.

Ich wurde müder und müder. Niederlagen beim Masters gegen Becker und Lendl, ein Sieg gegen Gomez. Ausgerechnet Gomez. Seit Monaten schleppte ich einen Tennisellbogen mit, die Schmerzen wurden ärger, fast unerträglich. Ich hatte in diesem Jahr an die 100 Partien gespielt, wollte und mußte Versäumtes aufholen. Es war einfach zu viel. Ich hatte zwar mehr erreicht als erhofft. Ich wurde zum Sportler des Jahres gewählt, von Ehrung zu Ehrung gereicht. Tennis und vor allem Training, waren in den Hintergrund getreten, dennoch bin ich mehr und mehr ausgebrannt.

1991
TRENNUNG UND VERSÖHNUNG

ENDE EINER PARTNERSCHAFT – *Tennisellbogen* – *Einfach nur fertig spielen* – *Fehler über Fehler* – *Probezeit mit Ronnie* – *Ein blaues Auge*

Ich wollte nicht mehr, konnte nicht mehr. Ronnie war abreisefertig. Am 27. Dezember. Wie ausgemacht. Ab nach Australien zur Vorbereitung. Wie jedes Jahr. Herr Muster ist diesmal aber nicht erschienen. Herr Muster hatte es einfach satt. Meine Teilnahme am Daviscup gegen die damalige CSFR hatte ich so nebenbei abgesagt, ein Journalist hatte mich angerufen und gefragt, ob ich in Prag spiele. Meine Antwort: Nein, sicher nicht. Ich sei verletzt, der Ellbogen schmerze, zudem außer Form, vollkommen platt, würde nicht einmal einen Satz durchstehen. Hörer aufgelegt. Und Schluß. Ich war sogar erleichtert, dankbar für den Anruf. Das Versteckspiel hatte ein Ende.

Am 21. Jänner haben Ronnie und ich unsere sportliche Zusammenarbeit für beendet erklärt. Ohne nähere Angabe von Gründen. Schmutzwäsche, so unser Übereinkommen, werde in der Öffentlichkeit keine gewaschen. Ich erklärte nur, daß man sich auseinandergelebt habe, der Respekt aber bestehen bleibe. „Ich werde die Turnier- und Trainingspläne selbst erstellen, einen neuen Trainer engagieren. Mein Ziel ist, besser zu werden. Mit oder ohne Ronnie, ist ganz egal." Und ich knüpfte tatsächlich Kontakte zu Jimmy Connors. Ein- oder zweimal haben wir uns konkret unterhalten. Connors meinte, es ehre ihn, sei aber nicht machbar. Er wolle selbst noch aktiv sein, trainiert werden, nicht trainieren. Ob es auch am Finanziellen gescheitert wäre, weiß ich nicht, diese Frage wurde nicht einmal angeschnitten.

Im freien Fall

Ich mußte im Februar trotzdem Tennis spielen, hatte Verträge unterzeichnet. Für Stuttgart. Erstrundenniederlage. Für Rotterdam. Erstrundenniederlage. Für Indian Wells. Erstrundenniederlage. Und es hatte mich nicht einmal besonders gestört. Ich stand vorm Abgrund, flog eigentlich schon runter. Im freien Fall. Der Unfall und die Zeit bis zum Comeback waren gegen diese Krise harmlos.

Das Knie wurde ein zweites Mal operiert, zwar nur ein kleiner Eingriff, aber ein Grund mehr, Tennis zu vergessen. Comeback in Monte Carlo. Nur so. Ist ja praktisch vor der Haustür, gehst halt runter in den Klub, stellst dich auf den Platz, ist ja überhaupt kein Aufwand. Vierte Erstrundenniederlage. Gegen den Finnen Paloheimo. Insofern ein Meilenstein, weil es wahrscheinlich die schwächste Partie meiner gesamten Karriere war, der absolute Wahnsinn. Ich habe mich daraufhin mit Wojtek Fibak unterhalten, ihn gefragt, ob er mich nicht coachen möchte. „Ja, prinzipiell schon, aber ..." Aber Ronnie saß auf der Tribüne. Ganz oben im Eck. Und hatte das Elend gegen Paloheimo live miterlebt. Natürlich haben wir dann miteinander gesprochen. Zwischen Tür und Angel. Schließlich war er ja noch mein Manager. Ein relativ brotloser Job. Er mußte die alten Sponsoren bei Laune halten, sie beruhigen, neue haben sich ohndies nicht aufgedrängt. Wie ich mir die Zukunft vorstelle, wollte er von mir wissen. „Noch ein paar solche Turniere, dann falle ich aus der Rangliste und höre auf." Ronnie stutzte, stand da mit offenem Mund, schüttelte nur den Kopf. „Das kann ja nicht dein Ernst, dein Ziel sein. Reden wir drüber." Und wir redeten. Analysierten die Fehler, diskutierten die Trennung, bewältigten die Vergangenheit, fanden versöhnliche Worte.

Fehler hatten beide gemacht. Seiner war, daß er nicht eingesehen hat oder vielleicht nicht einsehen durfte, wie dreckig es mir gegangen ist. Die Lösung wäre möglicherweise tatsächlich Australien gewesen. Sonne, Meer, Strand, schöne Gegend. Da ist es leichter, die Lust, die Freude am

Tennis wiederzufinden. Nur konnte er mir das nicht vermitteln. Mein Fehler war, daß ich ihm gar nicht zugehört habe. Ich litt vor mich hin, hatte den Plan verloren.

Tür und Angel

Wir haben also wieder miteinander geredet. In Monte Carlo. Zwischen Tür und Angel. Versöhnung ist übertrieben, es war eine Annäherung, ein Übereinkommen. Er überzeugte mich, es noch einmal zu versuchen, mich reinzuhauen, zwei oder drei Jahre durchzuhalten. Überzeugt stimmt nicht ganz. Ich habe halt „Ja" gesagt. Damit Ruhe ist. Wir gaben uns eine Probezeit von fünf Wochen. Ronnie war wieder für die sportlichen Belange zuständig. Nur für die sportlichen.

Der Rückfall in der Weltrangliste war unvermeidbar, Wunder sind selten. Ich verlor brav weiter. Erste Runde in München, erste in Hamburg. Dritte in Rom, ebenso in Bologna. Wieder erste bei den French Open. Nach einer 2:0 Satzführung gegen Pete Sampras. Ich trainierte wie ein Irrer, kämpfte, arbeitete härter als je zuvor. Nur die Resultate stimmten vorläufig nicht. Der Computer führte mich an 16. Stelle. Vor dem Turnier in Florenz.

Meinen Biß hatte ich wieder. Die Kraft, den Willen ebenfalls. Florenz war der Beweis. Inklusive Halbfinale hatte ich in jeder Partie den ersten Satz verloren. Nur im Endspiel gegen Skoff war es ausnahmsweise der zweite. Ich konnte also wieder zulegen, zusetzen, fighten, Turniere gewinnen. Dank Ronnie. Diese Erkenntnis war mehr wert als der Scheck, der Pokal, die Arithmetik des Computers.

Klein anfangen

Das Jahr war irgendwie gerettet, Ronnie und ich hatten das Beste aus dem prinzipiell Schlechten rausgeholt. Enttäuschungen blieben auch danach nicht erspart, keine

Konstanz, Niederlagen, zwischendurch der Turniersieg in Genf, abermals gegen Skoff, wieder Niederlagen. Das 1:3 gegen England im Daviscup, meine Erklärung, im nächsten Jahr nicht mehr zur Verfügung zu stehen. Ich hatte nur ein Grand Slam-Turnier bestritten, mußte wieder mit kleineren Dingen leben, mich hochdienen. Zurück in die Vergangenheit. Schlußendlich war ich immerhin 35., bin mit einem blauen Auge davongekommen. Und blaue Augen schwellen wieder ab.

1992
HEIMSPIEL UND KEIN SPIEL

MONTE CARLO ALS HÖHEPUNKT – *Zuviel Jim Courier –
Mein Einmaleins – Daviscup ade*

Entbläut sich endlich das Auge, dann knickst du in Scottsdale um. Gleich in der ersten Runde gegen Thierry Champion. Ein Stich im Fuß, die Bänder gezerrt, ein Bluterguß, der Knöchel blau gefärbt und angeschwollen. Auf einem Bein hupfst du in die Garderobe. Wieder Pause. Wieder ist dein Aufbau unterbrochen, sind deine Pläne durchkreuzt. Und wieder mußt du beim Einmaleins beginnen. Ich hatte glücklicherweise Erfahrungen.

Spielerisch hatte ich mich verbessert. Meine Grundschläge wurden druckvoller, exakter, der Aufschlag plazierter. Ich hatte acht Kilo abgenommen, war beweglicher, spritziger, schneller. Vom Prinzip her. Ich konnte ja nicht auftreten.

Comeback in Casablanca. Und noch immer konnte ich nicht richtig laufen, obwohl ich im Grunde fitter als je zuvor war. Besserung in Barcelona. Ivan Lendl, nicht mein Fuß, hat das Halbfinale verhindert.

Hart war der Muskel

Das Jahr wurde von einem Ereignis überstrahlt. Vom Turniersieg in Monte Carlo. Fixiert am 26. April. „So schlecht", meinte Aaron Krickstein nach dem Finale, „so schlecht hat mich noch keiner aussehen lassen." Ich hatte mein Heimspiel 6:3, 6:1, 6:3 gewonnen. Trotz der für mich typischen, nämlich ungünstigen Vorzeichen. Mein Rücken war ziemlich bedient, eine Muskelverhärtung, bedingt durch Überanstrengung. Ich unterzog mich kurz vor dem Finale einer Mesotherapie, d. h., ich wurde an den schmerzenden Stellen mit Injektionsnadeln behandelt.

Mag sein, daß mich die Gabe, nichts unversucht zu lassen, von den meisten anderen unterscheidet. Ich gebe nicht auf, kämpfe, schöpfe jede Möglichkeit aus, löse Probleme. Die Gewißheit, alles unternommen zu haben, baut auf, ich kann dann über mich hinauswachsen, traumhaftes Tennis spielen. Krickstein war nur ein Beispiel.

Monaco deckte alles zu. Die Turniersiege in Florenz und Umag ebenso wie die verpatzten Olympischen Spiele in Barcelona. Oder das Pech, gleich dreimal Jim Courier zugelost zu bekommen. Bei den Australian Open in der dritten Runde, in Rom gleich in der ersten, in Roland Garros schon in der zweiten, ich war damals 17., verfehlte die Setzliste um einen Platz. Dreimal Courier bedeutete dreimal verlieren. Ich bin sein Spiegelbild, meine Stärken sind seine, aber er ist eben das Original. Was ich konnte, konnte er um das notwendige Stückerl besser.

In Österreich war ich Buhmann. Das ist man immer, wenn man es ablehnt, Daviscup zu spielen, auch dem Stadthallenturnier fernbleibt und Lyon vorzieht. Der Verband hatte eine neue Führungscrew bestellt, Präsident Rudolf Mader, Captain Günther Bresnik. Ich war mit dieser Personalpolitik nicht einverstanden, fühlte mich ausgebootet, erklärte sinngemäß, sie sollten ihre Intrigen ohne mich spinnen oder mir zumindest soviel zahlen, daß es sich lohnt, mitzuwirken, das Umfeld auszuhalten. Quasi als Schmerzensgeld. Sie zahlten nichts.

Monaco hat aber auch das überstrahlt. Bei weitem.

1993
ALLER GUTEN DINGE SIND SIEBEN

DIE KONSTANZ MACHT ES AUS – *Sieben Turniersiege –*
Zittern in Kitzbühel – Bitterer Grand Slam – Schock gegen
Wolkow – Ivanisevic hat es verhindert – Comeback wegen
Deutschland

Es dauert zwei Jahre, bis man wieder Top ten ist. Ein lan-
ger, logischer Weg. Meine Karriere war ja nach der Trennung von Ronnie unterbrochen. Fehlen dir ein paar Monate, fehlen dir zwei Jahre. Ein Nachteil in meiner Karriere
war immer, daß die jeweilige Vorsaison meist frustrierend
geendet hat. Mit Hallenturnieren, mit Niederlagen. Weihnachten ist dann immer die Zeit der Melancholie, des
Nachdenkens, der Einkehr, du hinterfragst dein Leben,
hast Vorsätze.

Meiner war, auf die persönliche Karriere zu schauen,
den Weg, der nur nach oben führen kann, weiterzugehen.
Keinen Daviscup zu spielen, der kostet Zeit, Kraft und
Nerven, stört deinen Aufbau, lenkt ab, bringt dich aus
dem Rhythmus. Außerdem stellte sich die Frage damals
überhaupt nicht.

Ich hatte von Jahresbeginn an ein solides Tennis drauf,
kam beim Hartplatzturnier in Sydney gleich ins Finale,
hielt mich zumindest im ersten Satz gegen Pete Sampras
mehr als passabel, verlor erst im Tie-Break. Die Grand
Slam-Turniere allerdings, es folgten ja gleich die Australian
Open, verliefen trotz konstanter, nicht schlechter Leistungen schlußendlich enttäuschend. In Australien, Zweitrun-
denniederlage gegen Brad Steven. Es regnete, ich schaute
aus dem Hotelfenster, dachte, das fangt nie pünktlich an,
da kann ich noch ein wenig schlafen. Ein Irrtum, es wurde

warm und wärmer, schön und schöner, die Plätze trockneten rasch auf. Und ich war einfach zu spät dran, wurde hektisch, hatte das Spiel im wahrsten Sinne des Wortes verschlafen. Paris, Achtelfinale gegen Jim Courier (schon wieder), einfach Schicksal. Es war wahrscheinlich die beste Partie der gesamten French Open, nicht einmal ein schwacher Trost. Wimbledon, Erstrundenniederlage gegen Oliver Delaitre, Rasen ist nicht meins. US Open, Viertelfinale gegen Alexander Volkov, zwei Matchbälle nicht verwertet. Regen, stundenlanges Warten in Flushing Meadow. Genau waren es acht. Herumhängen, gescheiterte Versuche einzuschlafen, Fadesse. Das Match wurde dann unter Flutlicht gespielt, endete um 1:38 Uhr New Yorker Zeit. Vor gezählten 191 Zuschauern. Volkov ist völlig unberechenbar, schwankt stets zwischen Genie und Wahnsinn. Fürchterliche Patzer nach grandiosen Punkten.

Er führte 7:6, 6:3, ich kämpfte mich zurück, verbiß mich in den Job, änderte die Taktik, spielte nicht mehr in die Winkel, sondern durch die Mitte, schaffte den Gleichstand. Erinnerte mich urplötzlich an Key Biscayne 1989, ans Halbfinale gegen Yannick Noah. Die selbe Dramaturgie, ich war überzeugt, es wieder zu schaffen. Hatte Matchball bei 5:4, Volkov schlug einen Service Winner aus dem Ärmel. Hatte einen zweiten, setzte an, longline zu passieren, der Platz war offen, das Netz zu hoch. Zwei Zentimeter haben gefehlt. Und dann hatte auf einmal er im nächsten Game Breakball, ich nützte ihn selbst. Doppelfehler. Volkov servierte zum 7:5 aus. Die Nacht, so kurz sie auch gewesen ist, war schrecklich, Ronnie und ich grübelten, redeten uns ein, gewonnen zu haben. Es war der Schock nach einem Betriebsunfall.

Die ganz großen Dinge, die Grand Slams, Monte Carlo oder Rom, verliefen nicht wunschgemäß. Die mittelgroßen und kleineren, die klappten vorzüglich. Ich spielte die Sandplatzsaison mit bemerkenswerter Konstanz, schmerzfrei, gewann die Turniere, bei denen ich zum Favoritenkreis zählte. Insgesamt sieben Stück. Mexico City, Florenz, Genua, San Marino, Umag, Palermo und vor allem Kitzbühel.

Herrgotts Einsehen

Kitzbühel kam unerwartet. Nicht unbedingt die Gewitter, die haben Tradition. Unerwartet war, daß sie doch noch rechtzeitig aufgehört haben. Einen Tag später und 37 Minuten vor der absoluten Deadline. Am Sonntag, dem 8. August, begannen Javier Sanchez und ich das Endspiel. Verspätet, das Doppelfinale hatte sich gezogen, die Veranstalter hatten es trotz der miesen Wettervorhersage bei der Reihenfolge belassen. Es kam, wie es kommen mußte, Wolken zogen auf, es wurde schwarz und schwärzer. Ich führte 6:3, 2:2 und hatte Vorteil, dann war Schluß. Meine Euphorie wurde unterbrochen. Geplante Fortsetzung: Montag, elf Uhr. Eine ungute Situation. Ich wollte den Titel, meinen ersten in Österreich, unbedingt. Der Wetterbericht verhieß allerdings Schreckliches. Ich wachte auf, ein Blick aus dem Fenster, Meteorologen haben leider doch recht. Elf Uhr – Regen. Zwölf Uhr – Regen.

Eine Stunde später – Regen. Letztes Zuwarten. Letzte Entscheidung. Sollte es bis drei nicht klappen, klappt es gar nicht mehr, wird das Preisgeld eben geteilt, gibt's eine Unvollendete von Kitzbühel. Und meine Führung hätte nicht einmal statistischen Wert gehabt.

Der Herrgott muß auf mich runtergeschaut haben. Denn kurz nach zwei Uhr riß die Wolkendecke auf, Blaues, der Himmel, Gelbes, die Sonne, schimmerten durch. Unerwartet. Javier war bis dahin nicht unbedingt mein Lieblingsgegner, die Woche davor verlor ich in Stuttgart. Diesmal änderte ich meine Taktik, aus Fehlern wird man bekanntlich klug, gewann den Rest 7:5, 6:4. Gerechnet hatte ich freilich nicht mehr damit.

Meine Konstanz bedingte ein stetes Vorwärtsrücken in der Weltrangliste. Die Qualifikation fürs Masters in Frankfurt schien fix, wenn nicht, ja wenn nicht Goran Ivanisevic einen Lauf bekommen hätte. Und eine Wildcard für die CA-Trophy. In letzter Sekunde. Mein direkter Konkurrenz für die Masters-Teilnahme. Um mich auf Platz neun zu verdrängen, mußte er das Turnier gewinnen. Und er gewann es. Ausgerechnet gegen mich.

Die Wende

Die Stimmung in Österreich hatte umgeschlagen. Pro Muster. Ein Ereignis stand bevor. Der Daviscup gegen Deutschland. Ende März 1994. Seit Wochen wurde an einer Lösung, meiner Heimholung gebastelt. Die Öffentlichkeit hat es irgendwie verlangt. Der Beste, so der allgemeine Tenor, müsse auch spielen. Am 11. November wurde dann das Ergebnis unzähliger Verhandlungen präsentiert. Es gab wieder die drei Musketiere, ich war Playing-Captain, Ronnie Daviscup-Direktor.

1994
UNTERPREMSTÄTTEN
UND KEIN RHYTHMUS

COMEBACK GEGEN DEUTSCHLAND – *Der Klassiker in Trance –*
Die Leere danach – Ein trauriger Sieg – Niederlage in
Paris – Das Gefühl, ein alter Hund zu sein – Der Muster
wird's schon richten

Ein Land in Erwartung eines Ereignisses. Rückkehr in die
Vergangenheit. Wie weiland 1990, Daviscup im Praterstadion gegen die USA. Jetzt, vier Jahre später, waren es nicht
die USA, nicht das Praterstadion, nicht das Halbfinale,
nicht Ende September, sondern Deutschland, Unterpremstätten, die erste Runde, Ende März. Und mein Comeback.
Ausgerechnet gegen den großen Bruder.

Generalstabsmäßig wurde das Unternehmen Daviscup
geplant, nichts sollte dem Zufall überlassen sein. Die Wahl
des Belages, natürlich Sand, unsere einzige realistische
Chance. In Unterpremstätten wurde innerhalb weniger
Wochen eine Halle errichtet. Für 12 000 Zuschauer. Ein
Trainingslager in Monte Carlo, ein Test gegen Italien. In
der neuen Halle. Zum Kennenlernen. Um jeden nur denk-
baren Vorteil auszunützen.

Zunächst, ein Jahr beginnt ja nicht erst in Unterpremstätten, der Auftakt in Australien. Adelaide, Sydney, ein
lahmer Beginn. Australian Open, eine deutliche Steige-
rung. Ohne Satzverlust erreichte ich das Viertelfinale gegen Stefan Edberg, ohne Satzgewinn beendete ich es. Edberg lag mir nicht, liegt mir nicht, wird mir niemals liegen.
Der Schnitt seines Service, seine Unüberwindbarkeit am
Netz, seine Konsequenz, nach jedem Aufschlag vorzustür-
men. Mexiko City, erstes Sandturnier, erfolgreiche Titel-

verteidigung, gut fürs Selbstvertrauen. Indian Wells, letzter Einsatz vor dem Daviscup, verschmerzbare Niederlage gegen Pete Sampras, man setzt ja Prioritäten. Zum Beispiel Unterpremstätten.

Das gibt es nicht

Die Vorbereitungen zogen sich, der Test gegen Italien brachte dem Team in der ungeheizten Halle ein 3:3 und mir persönlich eine Verkühlung, eine Zerrung im Oberschenkel, die Rückenschmerzen wurden auch wieder akut. Die Deutschen traten ohne Becker an, den Emotionen tat dies keinen Abbruch. Daviscup pur. Erster Tag: Stich schlägt Skoff, ich schlage Goellner – 1:1. Zweiter Tag: Fünfsatzniederlage im Doppel – 1:2. Dritter Tag: Das Match gegen Michael Stich habe ich in Trance erlebt. Zumindest das Ende. Nach 5:24 Stunden. Ich wußte nur, daß ich gewonnen hatte. Sonst hätten die Menschen nicht so laut geschrien. Wie es ausgegangen ist, fragte ich Ronnie, der mich umarmte. „12:10". „Aha. Das gibt es nicht. Unglaublich." Ich wankte in die Kabine, um drei Kilo erleichtert. Leere, Freude, Schmerz – ich mußte ja fitgespritzt werden. Stolz. Und Krämpfe. Deutschlands Captain Niki Pilic erklärte dieses Match „zum besten, das ich je auf Sand gesehen habe". Er sagte das, nachdem Goellner Skoff besiegt und den dritten Punkt geholt hatte. Ich fühlte mich nicht unbedingt als tragischer Held. Maximal als müder. Skoff hatte ja nicht absichtlich verloren. Genau wie damals. Ende September im Praterstadion.

Die Auswirkungen dieser emotionalen und körperlichen Strapazen waren zwangsläufig negative. Erstens einmal die Reise nach Sun City, wieder drei lange Partien, dann der Einbruch in Barcelona, die Erstrundenniederlage gegen Andrea Gaudenzi. Monte Carlo, Viertelfinal-Out gegen Edberg, 60 Prozent meiner normalen Fähigkeiten hätten diesmal genügt.

Turnier in Madrid. Ohne jegliche Erwartungen bin ich

nach Spanien gefahren, mit einem Sieg habe ich es verlassen. Erstmals konnte ich Ivan Lendl schlagen, es war im Viertelfinale, die Freude hielt sich in Grenzen, es ist ein merkwürdiges Gefühl, dein Vorbild zu trösten. Endspiel gegen Sergi Bruguera, ich war erstmals seit Unterpremstätten wieder voll konzentriert, gewann in vier Sätzen. Und die Freude hielt sich wiederum in Grenzen. Es war der 1. Mai. Der Tag, an dem Ayrton Senna in Imola starb.

Die French Open rückten näher, meine Form entfernte sich, früher Abschied in Hamburg und Rom. Ich schleppte einfach zu viele Verletzungen, zu viele Wehwehchen mit. Nichts Weltbewegendes. Es war einfach das lästige Gefühl, das Wissen, nicht ganz fit zu sein.

Roland Garros, erste Runde: Andrei Cherkasov, kein Problem. Zweite Runde: Andre Agassi, übergewichtig, nicht austrainiert, trotzdem mußte ich über fünf Sätze gehen. Ich hatte mir das Leben selbst schwer gemacht, war zu inkonsequent, verbrauchte sinnlos Energien, ließ meine Substanz im Sand liegen. Dritte Runde: Patrick Rafter, Court eins, eine der bittersten Niederlagen meiner Karriere.

Ich fühlte mich uralt. Das ständige Laufen, das dauernde Kämpfen, der enorme Aufwand, die Quälerei, die wiederkehrenden Schmerzen. Einfach zu viel. Ich stand im Stau, hupte wie verrückt, habe nicht mitgekriegt, daß das überhaupt nichts bringt. Rafter ließ mich nicht vorbei. Er servierte und vollierte mich einfach aus. Ohne großen Aufwand. Erstmals in meiner Laufbahn kam ich mir verfolgt vor. Von einer Meute junger Hunde, von Welpen wie Rafter, die an meinen Baum pinkeln. Ohne jeglichen Respekt. Ich konnte es nicht verhindern, ich mußte es zulassen. Und schwor mir: Nie wieder Paris, nie wieder Roland Garros. Es hat eben nicht sein sollen. Du hast ohnedies alles gewonnen. Fast alles.

Auch wenn ich gleich darauf das Turnier in St. Pölten gewinnen konnte, ich blieb frustriert, fast mutlos. In Gstaad hatte ich gegen Kafelnikov Matchbälle vergeben, in Stuttgart lag ich gegen Chesnokov deutlich voran, wieder nichts. Eine völlig neue Facette, ein Rollentausch. Ich war der, der Partien verschenkte, der sich nicht einmal mehr auf seine Routine, seine mentale Kraft verlassen konnte. Mit bemerkenswerter Konsequenz produzierte ich einen schlechten Schlag im falschen Moment. Ich hatte mein Tigerauge verloren.

Keine Erwartungen

Kitzbühel war auch so ein Fall, Halbfinale gegen Fabrice Santoro. 6:2, 4:2 und ein Ball aufs 5:2. Es wurde ein 6:7, 6:7, im ersten Tie-Break stand es schon 5:1, ich hatte auch Matchball. Ronnie stellte fest, daß gar nicht der Kopf so sehr das Problem war, es waren die schweren Beine. Es lag an beidem. In Österreich war alles auf mich aufgebaut, ich mußte der Retter sein, speziell in Kitzbühel, die Leute schauten auf mich, das kostete zuviel Energie. Sie erwarteten von mir alles, ich erwartete von mir fast nichts mehr.

Schlechtes Tennis kannst du nur durch gutes vergessen. Die US Open, ein Hoffnungsschimmer. Vier Runden lang. Dann das Viertelfinale gegen Andre Agassi, 6:7, 3:6, 0:6, eine Lehrstunde in Hartplatztennis. Er war stark wie nie zuvor, kein Vergleich zu den French Open. Topfit, im Schlagrhythmus drinnen, auf dem Weg zur Nummer eins. Nicht die Niederlage an sich, die Deutlichkeit schmerzte. Mein Plansoll hatte ich ja erfüllt.

Daviscup gegen Uruguay in Montevideo. Und wieder lag die Last auf meinen Schultern. Auf meinen gar nicht mehr so breiten, leicht herabhängenden Schultern. Egal, der Muster wird's schon richten. Marcello Filippini und Diego Perez, wir bleiben in der Weltgruppe.

Die Tage in Montevideo zählten zu den nervenaufreibendsten meiner Karriere. Südamerika ist anders. Vergiß Unterpremstätten, das ist vergleichsweise harmlos. 2:1 führten wir nach dem Doppel, ein Punkt mußte noch her, ich hatte die erste Gelegenheit, traf auf Marcello Filippini. Die Nacht davor: schrecklich, schlaflos. Der Portier hatte mir Anrufe aufs Zimmer durchgestellt, so alle zwei Stunden einen. Obszönes Stöhnen, Morddrohungen, wieder ein Stöhner, noch eine Morddrohung. Ronnie stellte ihn zur Rede, er zuckte nur mit den Achseln, lachte freundlich, nix verstehen, muß ein Irrtum sein. Das Match: Ein Zittern im ersten Satz (7:5), ein Spaß im zweiten (6:1), ein Schock im dritten: 4:1, dann Hektik auf der Tribüne, Schreie, Gefuchtel, ein alter Mann hatte einen Herzinfarkt erlitten. Notarzt, Wiederbelebungsversuche, Unterbrechung, 50 Minuten Pause. Du sitzt auf der Bank, stehst auf, lockerst die Beine, setzt dich wieder nieder, versuchst konzentriert zu bleiben. Und vor dir liegt ein Mensch und kämpft ums Überleben. Tennis wird nebensächlich, die Fortsetzung war kurz, 6:1, der Muster hat es also geschafft. Nona, eigentlich eine Selbstverständlichkeit. Nervlich war ich am Ende.

Der Daviscup hatte mir in diesem Jahr zugesetzt, mich aus dem Rhythmus gebracht, ausgelaugt. Es sind ja nicht die drei Tage. Es sind die Vorbereitung, die Umstellung auf den jeweiligen Belag, die Reisestrapazen. Ende September fliegt man normalerweise nicht nach Südamerika. Sei's drum, ich hatte mich eben entschieden, ins Team zurückzukehren.

Resultat und Gemüt

Ein letztes Aufbäumen fürs Restprogramm. Halbfinale in Tel Aviv, Halbfinale in Wien, Stich zeigte meine Grenzen auf. Vier Erstrundenniederlagen zum Abschluß. In Stockholm gegen Boetsch, in Paris-Bercy gegen Larsson, in Moskau gegen Vacek, beim Grand Slam-Cup in München gegen Agassi, Hallen haben etwas Depressives an sich. Für mich.

Ein Jahr der vergebenen Chancen. Trotz der Mittelmäßigkeit konnte ich immerhin drei Turniere gewinnen, war 16. in der Rangliste. Die Ergebnisse waren fast besser als mein Gemütszustand. Ich mußte mich neu motivieren, die Schmerzgrenze raufsetzen und ausreizen, einfach überwinden, die Lust an der Qual entdecken. Den Angriff der Jugend abwehren, mich aus der Umklammerung befreien. Theoretisch war alles klar, denkbar einfach. Praktisch war es mehr als kompliziert. Ich steckte wieder einmal in so einem tiefen Motivationsloch. Nicht unbedingt in einem schwarzen, es war ein dunkelgraues.

1995
DER TRAUM WIRD WAHR

ALARMZEICHEN – Die drei Möglichkeiten – Ich wurde Mathematiker – In Estoril begann es – Serie, Liste und Zahlenspiele – Die neue Lust – Der Kampf mit Becker – Punkte und Ringerln – Paris als weißer Fleck

Ich überlegte ernsthaft aufzuhören. Der Biß war weg, die Lust ebenfalls. Zu oft hatte ich im Herbst in der Halle verloren, es gab keine Perspektiven. Es war sinnlos, ich sah keine Möglichkeiten, mich zu verbessern. Auf Teppich wurde ich abgewatscht, Rasen war sowieso absurd, Hartplatz schadet meinem Knie, geht also auch nicht. Auf Sand hatte ich Mexiko, Madrid und St. Pölten gewonnen. Ein Pflichtprogramm, fast schon Gewohnheit. Die Niederlage gegen Patrick Rafter bei den French Open war das lauteste Alarmzeichen. Für eine Plazierung unter den Top ten, das war das einzige, was für mich zählte, hatte ich 1994 zuviele Matchbälle vergeben.

Ich bin über Weihnachten nach Australien auf Urlaub gefahren. Wie mit Ronnie ausgemacht, trafen wir uns dann in Sydney, um mit dem Training, der Vorbereitung zu beginnen. Mir hat davor gegraust, die Ferien waren zu schön, zu kurz. Ich wollte verlängern. Für immer. Auf die Farm ziehen, dort bleiben, nachdenken über ein Leben ohne Tennis.

Ronnie hat meinen Zustand, meine Unlust, natürlich mitbekommen. Wir haben uns in Sydney zusammengesetzt, eine Grundsatzdiskussion geführt. Ronnie hatte drei Lösungsvorschläge. Erstens: „Entweder du läßt es gleich bleiben. Du trittst als Nummer 18 ab, fast am Höhepunkt deiner Karriere. Das erspart dir, als Clown zu enden."

Zweitens: „Du spielst deine Verträge noch fertig, bestreitest ein Minimum an Turnieren. Und nimmst in Kauf, ein Tennisclown und 500. im Computer zu sein." Drittens: „Du haust dich noch einmal voll rein. Du bist erst 27 Jahre alt, kannst dein Spiel verändern, verbessern, den Gegebenheiten anpassen. Ein Risiko, aber es könnte klappen."

Der Schreibtisch

Die dritte Variante war mir vom Prinzip her die sympathischste. Ronnie hat mir geraten, einen Turnierplan zu nehmen. Und einen Zettel. Und einen Bleistift. Ich sollte aufschreiben, wo ich spielen möchte, wo nicht. Und meine Ziele formulieren. Was will ich erreichen? Was ist wichtig? Wann will ich pausieren? Wo möchte ich Mariella, meine Freundin, dabei haben? Was muß ich verbessern?

Ich hab mich zurückgezogen, zum Schreibtisch gesetzt, den Turnierplan, die Weltrangliste studiert. Eine Nacht lang. Ich bin alles Punkt für Punkt durchgegangen. Erst machte ich allgemeine Notizen: Du mußt weiter in den Platz reingehen. Ohne Volley geht es nicht, du mußt die Punkte rascher machen. Du sollst Spaß haben, Tennis mit Freude betreiben. Dein Ziel ist, besser zu werden. Genieße die Siege, vergiß die Niederlagen. Sei konsequent, stehe hinter deinen Aufgaben, sei mit 100prozentiger Begeisterung dabei.

Und dann wurde ich konkret, habe bei den Turnieren, die ich mir ausgesucht habe, Punkte hingemalt. Einen fetten roten, wenn es mir wichtig war. Einen dünnen schwarzen, wenn es nur der Vorbereitung für einen fetten roten diente. Zwei große und zwei kleinere Turniere wollte ich gewinnen. Ganz abstrakt. Und eine Verbesserung in der Rangliste erreichen. Ganz konkret. Ronnie konnte mit dem Plan leben, hat ihn akzeptiert. „Okay, gehen wir es an." Und wir arbeiteten verbissen. Tag für Tag. Um besser zu werden. Um den Grundstock zu legen, für die fetten roten Punkte.

Für Sydney war es freilich viel zu spät. Eine erbärmliche Leistung gegen Jamie Morgan. Für die Australian Open ebenfalls. Endstation in der dritten Runde gegen Jacco Eltingh. Rückkehr nach Europa, Daviscup gegen Spanien in Wien. Und urplötzlich war sie wieder da, die Freude an der Arbeit. Bedingt durch das 4:1, durch das absolut notwendige Erfolgserlebnis. Noch dazu auf Hartplatz, wir hatten auf Sand verzichtet. Ich punktete gegen Carlos Costa, Sergi Bruguera und auch im Doppel. Die Feier im Lusthaus war legendär, Ronnie wurde kahlgeschoren, sah ziemlich häßlich aus. Ich hatte ja notiert: Genieße die Siege.

Das Turnier in Mexiko City gewann ich zum dritten Mal hintereinander, in Indian Wells schlug ich Michael Chang, wehrte einen Matchball ab, scheiterte an Stefan Edberg. Im Daviscup, die erwartete Pleite: ein 0:5 in Växjö gegen Schweden. Auf dem Zettel stand aber geschrieben: Vergiß Niederlagen.

Ich flog von Växjö direkt nach Estoril, zum eigentlichen Auftakt der Sandplatzsaison. Und da bin ich wieder an einem Schreibtisch gehockt, habe die Rangliste studiert. Gleich nach der Ankunft. Ich bin sie – Name für Name – durchgegangen, war völlig perplex. Was, der ist vor Dir? Verrückt. Was der kann, kannst du längst. Ich habe mich unter den ersten fünf gesehen. Agassi, Sampras sind uneinholbar, okay. Becker und Ivanisevic sind unberechenbar. Wollen sie, wie sie können, dann bleiben sie vermutlich vorne. Das kann ich nicht beeinflussen. Aber der Rest? Chang, Bruguera, Stich und wie sie alle heißen. Die sind zu packen, rauszupressen. Nicht jederzeit. Aber in guten Zeiten.

Rechenbeispiele

Ab Estoril wurde ich zum Mathematiker. Zum Rechner. Habe Listen geführt. Der Sieg bringt 15 ATP-Punkte, der 30, der 45. Das Finale 150, das 200. Jeden Abend, nach jedem Spiel, habe ich mich zurückgezogen, die Buchhaltung erledigt. Es war fast unheimlich. In der Früh bin ich zur Arbeit gegangen, habe ein Tennismatch gewonnen, dann bin ich zurück ins Hotel gekommen, habe mich an den Schreibtisch gesetzt, die Unterlagen aus der Lade geholt und ein Hackerl gemacht. Es war ein Ritual.

In Estoril konnte ich Martinez, Davin, Javier Sanchez, seinen Bruder Emilio und Alberto Costa abhaken. In Barcelona, eine Woche später, waren es Burillo, Cherkasov, abermals Javier Sanchez, Carlos Costa, Kafelnikov und Larsson. Die Tage im Büro waren hart. Meine Gabe, Rückstände aufzuholen, gerade in schwierigen Phasen genau den richtigen Ball zu spielen, war zurückgekehrt. Ich hatte Spaß am Kampf. Was im Vorjahr schief gelaufen war, lief jetzt gerade. Nicht ich, die Gegner nützten ihre Matchbälle nicht. Burillo in Estoril, Carlos Costa in Barcelona.

Die Liste wurde länger und länger, die Plazierung in der Rangliste besser und besser. Die Medien zählten die Siege mit, es waren jetzt elf hintereinander, sie hatten ihre Serie. Mir war meine Liste viel wichtiger.

Eine reine Spielerei

Ich fühlte mich stark. Nicht unbezwingbar. Diese Serie beängstigte mich überhaupt nicht. Eine reine Spielerei. Rekorde kommen einfach. Mir gefiel meine Art, Tennis zu spielen. Ich habe mich selbst beobachtet. Natürlich war die Fragerei der Journalisten, ob ich nicht Druck verspüre, die French Open rückten ja näher, nervend. „Siege", antwortete ich permanent und monoton, „Siege bauen eher auf. Die Serie ist ganz egal. Eher ein Problem für die Gegner. Ich denke nur von Match zu Match." Mir war klar, ich würde wieder einmal verlieren. Heute, morgen, in drei Wochen, vielleicht in zwei Monaten. Ich blieb nüchtern, hatte meine Selbstdisziplin, meine Professionalität, den nötigen Ernst endgültig wiedergefunden. Ich war eben ich. Und hatte das Gefühl, noch lange nicht am Zenit angelangt zu sein. Es war erst ein Anfang. Ich sah keine Grenzen. Es lohnte sich, weiterzuarbeiten.

Monte Carlo, die nächste Station, die Fortsetzung der Serie, der Liste. Ein fetter roter Punkt. Eines meiner Lieblingsturniere, eine der schönsten Anlagen überhaupt. Und vor allem mein Wohnort. Du fährst am Abend nicht ins Hotel, sondern tatsächlich nach Hause. Es ist wie ein Familientreffen, viele Tennisspieler leben in Monaco.

Zuckersturz vor Becker

Bis zum Halbfinale hatte ich keine Probleme. Dann traf ich auf Andrea Gaudenzi, meinen Trainingspartner. Unsere Partien sind immer irgendwie merkwürdig, nie hochklassig, einmal ist der verletzt, einmal der. Diesmal war wieder ich an der Reihe. Ich hatte in der Früh zwei Aspirin auf nüchternen Magen geschluckt, zu Mittag eine zu große Portion Spaghetti zu gierig hinuntergeschlungen. Im zweiten Satz krampfte, übersäuerte mein Magen, mein Herz flimmerte, ich sah nur mehr Sternlein vor den Augen, Fieberschübe, ein Zuckersturz. Ich hatte zu wenig getrunken.

Andrea konnte seine Chance nicht nützen, machte einen gravierenden Fehler. Er war zu sehr mit mir, mit meinen Schwierigkeiten, meinem Wanken, meiner Verzweiflung beschäftigt, statt sich auf sein Spiel zu konzentrieren. Jeder andere hätte mich vermutlich besiegt, er verlor das Tie-Break. Andrea war angefressen. Ich konnte nichts für seine Angst. „Sterben", sagte ich danach, „sogar sterben muß schöner sein." Und ich meinte es auch. Zum bevorstehenden Finale gegen Boris Becker erklärte ich: „Um den Preis einer Herzattacke, trete ich nicht an." Durchchecken im Spital. Drei Stunden lang. Entwarnung. Nichts Organisches, keine Dauerschäden, nur ein Zuckersturz. Mehrere Glukoseinfusionen als Therapie.

Weshalb am 30. Mai, nur ein paar Stunden später, einer meiner größten Siege folgte, ist mir ein Rätsel. Und wird es bleiben. Von meinem Zustand her, vom Spielverlauf her.

Becker war, als er ich mich am Morgen beim Einschlagen sah, völlig irritiert, wirkte nervös, dachte wohl, ich würde wanken und nach drei Minuten aufgeben, aufs Finale verzichten.

Becker führte 6:4, 7:5, ich kam noch einmal näher, gewann den dritten Satz 6:1. Er schien sich da bereits auf den vierten konzentriert zu haben, hatte dann im Tie-Break auch zwei Matchbälle, stand kurz vor seinem ersten Turniererfolg auf Sand. Die Deutschen sagen auf roter Asche. Einen vergab er durch einen Doppelfehler, er wollte beim zweiten Service unbedingt ein As schlagen, der Ball flog mit rund 190 Stundenkilometern ins Out. Weshalb er das riskiert hat, weiß ich nicht, hat mich auch nicht zu interessieren. Das sind Dinge, die du nicht beeinflussen kannst. Ein Match, und dauert es auch fast dreieinhalb Stunden, kann manchmal durch zwei, drei, maximal vier Punkte entschieden werden. Zum Beispiel durch diesen Doppelfehler. Ein 6:0 im fünften Satz war die logische Folge seines Frusts.

Mir fehlten die Worte. Zu sehr hatte ich mich selbst verblüfft. Ich wußte zwar, daß mein Körper imstande ist, einiges auszuhalten. Aber das wußte ich nicht. Keinen Schilling hätte ich auf mich gesetzt. Normalerweise dankt man nach einem Turniersieg dem Direktor, den Sponsoren, dem Publikum, seinem Trainer. Diesmal dankte ich in erster Linie den Ärzten.

Ich verstand Beckers Schmerz, seine Enttäuschung, vielleicht sogar seine Zweifel, sein Mißtrauen. Ich sei am Tag davor am Sterben gewesen, meinte er, „und heute ist er gerannt. Das paßt nicht zusammen. Jeder soll sich sein Bild machen". Und da setzte mein Verständnis aus, ich interpretierte das als unterschwelligen Dopingvorwurf, ließ mich freiwillig testen. Ich wußte ja, daß ich negativ war.

Nach Monte Carlo war ich wieder unter den Top ten, genau Neunter. Ich ließ mich noch einmal durchuntersuchen, die Blutwerte überprüfen. Sie waren okay, die Unsicherheit, die Angst um deine Gesundheit, hatten sich somit erledigt, der Kopf war wieder frei. Frei für weitere Siege. Denn darauf wartete ich. Nicht auf Niederlagen.

Meine Freiheit

Zwei Wochen Pause, Hamburg ließ ich aus, Rom war der letzte Test vor den French Open. Und mein 28. Turniersieg. 3:6, 7:6, 6:2, 6:3 gegen Sergi Bruguera. In der zweiten Runde war ich fast schon draußen, Jan Siemerink lag einen Satz und ein Break vorne. Es begann zu regnen, die Pause war meine Rettung, brachte ihn aus dem Konzept.

Ich sah mich trotzdem nicht als Favorit für Paris. War ich eben auf Sand ungeschlagen und Nummer fünf in der Weltrangliste, besser als je zuvor. Na und. Mir war klar, daß ich nach wie vor nicht jeden, aber doch einige Gegner zu fürchten hatte. Mein Aufschlag funktionierte nicht optimal, ich war sicher verwundbar. Aber doch erhaben über Sieg und Niederlagen. Diese Freiheit hatte ich mir erspielt. Nicht zufällig. Sie war vielmehr ein Resultat harter, konsequenter Arbeit. Von klein an.

Und ich saß wieder am Schreibtisch, kramte die Liste hervor. Es war verblüffend. Alle Turniere, die ich gewonnen hatte, hatten ein Ringerl, einen Punkt oder einen anderen Vermerk dabeistehen. Aus so manchem ursprünglich dünnen Punkt ist ein fetter geworden. Nur bei Paris war nichts. Ein weißer Fleck. Die French Open hatte ich frei gelassen. Vielleicht sogar ganz bewußt.

ICH ÜBER MICH

THOMAS MUSTER ÜBER SEIN IMAGE – *Wie ihn die anderen sehen – Wie er wirklich ist – Seine Gefühle – Seine Ansichten – Seine Ängste – Seine Beziehung zum Geld – Das öffentliche und das private Gesicht – Die Moral*

Es ist pervers. Ich war schon jedes Tier. Von Elefant über Vampir bis hin zum Tiger. Tiger gefällt mir aber ganz gut. Die erfassen Situationen blitzschnell, sind gefaßt, strahlen eine gewisse Aggressivität, eine Gefährlichkeit aus. Mit den Augen des Tigers zu spielen heißt, einfach präzise zu sein. Mit Kosenamen wie Maschine, Roboter, Monster oder Dampfwalze fange ich nichts an. Die passen nicht. Aber ich habe mich daran gewöhnt. Du lebst eben mit dem Stempel, den dir andere aufgedrückt haben. Und es gibt Schlimmeres, als ein Vampir zu sein.

Ich gehe nicht gerne auf Menschen zu. Das Problem, das sich daraus ergibt: Die Menschen gehen dann zwangsläufig auf dich zu. Aber meist nur die, die von dir etwas haben wollen. Ich baue eine Wand auf, die mich schützt. Ich bin mißtrauisch. Alle wollen etwas von mir, ich will von fast niemandem etwas. Mag sein, daß das arrogant wirkt.

Mir bereitet das Unbehagen, ich bin immer schüchtern gewesen. In großen Gesellschaften fühle ich mich unwohl, im kleinen, privaten Kreis, da taue ich auf, werde munter. Letztendlich bin ich total einfach, schätze schwarzen Humor. Und ich könnte stundenlang Leute beobachten. Nur bin leider meistens ich der, der beobachtet wird.

Ich erwarte von den Menschen, daß sie mich und meine Arbeit respektieren. Und mir normal gegenübertreten. Mit Höflichkeit, nicht besitzergreifend. Ich bin nicht der „Hallo Tom, gibst ma eh' a Autogramm". Ich habe das Recht auf eine ganz gewöhnliche Anrede. „Grüß Gott, Herr Muster, dürfte ich ein Autogramm haben." Ich bin nicht im Besitz der Öffentlichkeit, lasse mir nicht die Freiheit nehmen, auf der Straße spazierenzugehen. Ohne Maske. Ohne Perücke. Und ohne Pappnase.

Auch der öffentliche Mensch braucht seine Intimsphäre, seine Hobbies. Ich spiele in der Freizeit Schlagzeug, male, golfe. Mir ist unangenehm, darauf angesprochen zu werden. Man tut so, als ob ich grandios am Schlagzeug wäre. Und keiner hat's je gehört. Die Wahrheit ist: Meine Musik ist entsetzlich, einfach nur Lärm.

Oder meine Bilder: Der Muster ist ein phantastischer Maler, heißt's immer. Der Haken: Ich zeige meine Bilder gar nicht her. Für mich ist es Entspannung, der Ausdruck meiner Emotionen in Farben. Ich hänge die Bilder an meinen Wänden auf. Weil sie mir gefallen. Sie sind bunt, abstrakt, Acryl auf Leinen.

Ich könnte sie leicht verkaufen. Ein Amerikaner hat mir einmal 100 000 Dollar geboten. Für ein Bild, das er zuvor nie gesehen hat. Nur weil's vom Muster ist. Ich habe selbstverständlich abgelehnt, ihm eine Autogrammkarte geschenkt. Die Leute haben eine seltsame Tendenz. Alles, was der Muster macht, glauben sie, ist großartig und unglaublich. Im Tennis mag es stimmen. Aber nur im Tennis.

Die Intimsphäre

Trotzdem ist es mir gelungen, mein Privatleben zu schützen, meine Intimsphäre zu bewahren. Weil ich mich aus den Klatschspalten raushalte, wenig Stoff liefere. Ich würde nie die Geburt meines Kindes exklusiv an eine Zeitung verkaufen, ich würde es auch nie zulassen, daß meine Freundin, Frau in der Spielerbox sitzt, Nägel kaut, sich die Augen zuhält und überhaupt hysterisch aufführt. Eine peinliche Selbstdarstellung.

Ich bin in der glücklichen Lage, daß in Österreich der Boulevardjournalismus nicht ganz so ausgeprägt ist wie in Italien, Frankreich oder Deutschland. Es gibt keinen

Markt dafür, es liegt am Mangel an Prominenten. Und die Fotografen schlafen nicht vor deiner Tür.

Natürlich ist auch mein Verhältnis zu den Medien gespalten, vielleicht sogar gestört. Es ist Übungssache. Vor Jahren sagte ich im Fernsehen Dinge, die ich heute ganz anders formuliere. Stümperhafte Fragen bedingen stümperhafte Antworten. Du hast zwei Möglichkeiten, beide sind schlecht: Entweder du bleibst cool, läßt den Reporter in Dummheit sterben. Oder du antwortest blöd, dann bist du der Depp. Am schlimmsten sind die Interviews gleich nach dem Matchball. Eben hast du dich noch in den Gegner verbissen, und Augenblicke später sollst du freundlich lächeln und Auskunft geben. Aber in Wahrheit profitieren wir voneinander.

Zu einem gewissen Grad habe ich der Öffentlichkeit gegenüber eine Verantwortung. Aber ich bin nicht ihr Eigentum. Ich bin ein Sportler, der in Österreich geboren ist, einen österreichischen Paß hat und für den ab und zu die Nationalhymne gespielt wird. Im Daviscup, bei Olympischen Spielen, da bin ich ganz offiziell der Österreicher. Bei Turnieren bin ich nur meiner eigenen Person, meinen eigenen Leistungen verpflichtet. Ich versuche das zu trennen. Es ist großartig, wenn 12 000 Menschen im Daviscup hinter dir stehen. Das läßt dich wachsen, ist eine ungeheure Motivation. Aber auch Verpflichtung. Zu ihrem Eigentum werde ich, weil sie meine Schlägermarke, meine Schweißbänder, meine Hosen, meine Leiberln kaufen. Weil ich via Fernsehen ständiger Gast in ihrem Wohnzimmer bin. Du mußt den Fans etwas zurückgeben, das ist klar, dazu bin ich bereit. Aber alles hat eben seine Grenzen.

Ich gebe nach dem Match Autogramme, gehe brav zur Pressekonferenz, sie sollen im Fernsehen hören oder am nächsten Tag in der Zeitung lesen können, was ich gesagt habe, egal wie belanglos es auch war. Bin ich aber einmal weg vom Tennisplatz, dann bin ich privat, dann ist mein Büro geschlossen. Auch eine Bank, eine Bäckerei und ein Schuhgeschäft sperren zu. Der Kunde muß dann eben warten. Bis zum nächsten Tag. Bis zum nächsten Spiel.

Die ganz normale Angst

Ich habe Gedanken, die jeder hat. Ob es einen Gott gibt, weiß ich logischerweise auch nicht, aber irgendeine höhere Macht muß es einfach geben. Wenn es mir schlecht geht, ist mein Glaube intensiver, da kann es passieren, daß ich mich beim Beten erwische. Schließlich bin ich katholisch erzogen. Und ich habe Ängste. Angst vorm Fliegen. Verrückterweise hocke ich dauernd im Flugzeug. Ein Gefühl der Machtlosigkeit. Du bist einfach ausgeliefert. Der Technik. Dem Piloten. Angst vorm Krieg. Angst vor Rassismus. Vorurteile sind das Letzte. Ich bin jede Woche Ausländer.

Und ich habe die ganz normale Angst vor Krankheiten. Lieber ein gesundes kurzes Leben als ein langes krankes. Ich könnte sofort ohne Geld auskommen, wenn mir morgen einer alles wegnimmt, okay, Pech gehabt. Bist du gesund, kannst du dir immer etwas Neues aufbauen.

Apropos Geld: Ich weiß ganz genau, was der Schilling, die Mark oder der Dollar wert sind. Ich haue das Geld nicht beim Fenster raus, ich erfülle nur meine Träume. Ich wollte immer ein tolles Auto haben, einen Ferrari, und den habe ich jetzt in der Garage stehen. Ich werde ihn verkaufen, weil ich ihn nicht wirklich brauche. Außerdem krieg ich Rückenschmerzen, wenn ich damit spazierenfahre. Es war nur wichtig, daß ich ihn gehabt habe, der Traum ist somit abgehakt.

Ich habe kein schlechtes Gewissen, daß im Tennis so hohe Summen umgesetzt werden. Ich werde nach dem Markt bezahlt, bekomme einen Teil von dem, was andere verdienen. Und auch nur dann, wenn ich meine Leistung bringe. Die Frage nach der Moral stellt sich für mich nicht, da ich immer mein Bestes gebe. Oder es zumindest versuche. Ich bescheiß niemanden. Und ich verspüre nicht unbedingt den Drang, spenden zu müssen. Ab und zu eine Benefizgala ist okay. Ich schenke lieber einem bestimmten Kind ein T-Shirt, eine Tasche oder einen Schläger. Nicht um Gutes zu tun, sondern weil mir gerade danach ist. Und ich am Lächeln sehe, daß es der Richtige bekommen hat. Und damit wie in manchen Organisationen kein Mißbrauch getrieben wird.

Über die Moral

Unmoralisch ist, daß an kriegsführende Staaten Waffen verkauft werden. Unmoralisch ist, daß Atomversuche auf dem Rücken der Menschen durchgeführt werden. Unmoralisch ist, daß Frauen und Kinder vergewaltigt werden und die Täter oft lächerliche Strafen kassieren. Unmoralisch ist, daß Konzerne mit der Ausbeutung von Menschen Milliarden verdienen.

Man kann über die Bezahlung von Tennisspielern natürlich streiten. Sollte der Markt einmal zusammenbrechen, werden es ohnedies alle billiger geben müssen. Ich würde nicht jammern. Und die Besten wären auch um weniger Geld wieder die Besten. Aber das Interesse ist eben da. Es geht um Einschaltziffern, Werbeeinnahmen, um Millionenbeträge. Man will uns sehen. Und letztendlich werden wir leistungsbezogen entlohnt. Es geht um ein Preisgeld, einen bestimmten Kuchen, der Woche für Woche anders schmeckt. Und du gehst sammeln. Von einer Stadt in die nächste. Wie ein Eichhörnchen, das von Baum zu Baum klettert.

Auf der Suche nach den besten, den größten Nüssen.

DIE WELT IN DER ICH LEBE

WENN DER ZIRKUS KOMMT – *Verrückt, faszinierend und organisiert – Gestörte Beziehungen – Keine Heimat – Die Zeit und die Einsamkeit*

Es ist ein moderner Wanderzirkus, nichts anderes. Nur unromantischer. Unsere Manegen sind die Centre Courts, die Hallen, die Stadien. Wir tingeln nicht von Dorf zu Dorf, wir fliegen von Kontinent zu Kontinent. Wir leben in Hotels, nicht im Campingbus. Und wir müssen unser Zirkuszelt nicht selbst aufstellen, das steht schon dort, wir werden hofiert.

Das Faszinierende ist, daß es überhaupt funktioniert. Es ist alles durchorganisiert, du fängst als 14jähriger an, wächst rein, hörst mit 30 oder 33 wieder auf. Letztendlich, vom Prinzip her, ist das Tennisleben simpel, die einfachste Sache der Welt. Der Anfang ist allerdings beinhart. Hohe Kosten, schlechte Turnierplätze, enormer Aufwand. Bist du einmal Top ten, hast du also den absoluten Durchbruch geschafft, wird dir alles gerichtet. Du wirst vom Flughafen abgeholt, ins Hotel chauffiert, sie holen dich ab zum Training, geben dir Essensbons, dann spielst du dein Match. Sie beschaffen dir einen Masseur, waschen deine Wäsche, legen sie gebügelt aufs Zimmer, räumen deinen Dreck weg, übernehmen die Rechnung. Und wenn du fertig bist, bringen sie dich wieder zum Flughafen, setzen dich in den richtigen Flieger. Und du bekommst dein Geld immer an Ort und Stelle ausbezahlt, also prompt. Du brauchst dich um nichts zu kümmern, hast praktisch keine Sorgen.

Das Problem ist die Umstellung, wenn du einmal mit dem Tennis aufgehört hast: Es holt dich dann keiner mehr ab, du kriegst keine Bons mehr. Du mußt dich selbst um die alltäglichen Dinge kümmern. Und du wirst merken, daß das Leben teuer ist.

Ich habe während der Turniere unheimlich viel Zeit. Du spielst dein Match, im Schnitt dauert das eineinhalb Stunden. Du trainierst eine Stunde, gehst massieren. Sind maximal vier Stunden. Acht oder neun schläfst du, bleiben immer noch zehn oder elf übrig. Die Turnierveranstalter versuchen dich zu beschäftigen, organisieren ein Rahmenprogramm, stellen einen Billardtisch auf, schicken dich zum Wasserskifahren. Aber irgendwann geht dir das auf den Nerv. Du ziehst dich aufs Zimmer zurück, bist nur einsam. Ich führe permanent Selbstgespräche. Ich frage mich, ich antworte mir. Dabei werden einem alle Wünsche erfüllt. Überhaupt wenn du einer der Besten bist, in der Weltrangliste oben stehst. Sie schieben dir alles in den Hintern rein. Folglich wirst du zum Egoisten. Du kennst weder Bitte noch Danke, nimmst Dinge als selbstverständlich an, die überhaupt nicht selbstverständlich sind.

Ein Reisender

Hotelzimmer haben etwas Deprimierendes. Egal ob Suite oder nur Bett, Tisch und Kasten. Immer wenn ich eines beziehe, baue ich es total um. Den Sessel dorthin, den Schreibtisch dahin. So, wie es mir gefällt. So, wie es der Platz erlaubt. Ich möchte es selbst gestalten, mich zuhause fühlen. Und außerdem vergeht bei der Möbelrückerei Zeit. Ein willkommener Nebeneffekt.

Natürlich könnte man sich die jeweilige Stadt anschauen. Ich tue es selten, nach dem Training ist man einfach zu platt für Sightseeing. Und einkaufen ist auch blöd, ich brauch' ja nichts. Die 500. Tennistasche muß nicht sein. Kleider erschweren nur das Gepäck. Ich renn' ohnedies das ganze Jahr im Tennisgewand durch die Gegend. Und das bekomme ich vom Ausstatter. Mag sein, daß ich einmal an bestimmte Orte zurückkehre. Sicher sogar. Nach Florenz, nach Rom, nach New York. Als Tourist mit schönen Erinnerungen. Ich werde immer ein Reisender bleiben.

Innerhalb der Tennisspieler gibt es zwei Gruppen. Die Einzelgänger, die zumeist nur mit einem Coach unterwegs sind, die sich ausschließlich auf den Sport konzentrieren wollen. Die andere ist die der Clan-Typen, die Verheirateten, die mit Kind, Kegel und der halben Verwandtschaft durch die Welt tingeln. Sie haben zusätzlich ihren privaten Zirkus.

Für mich wäre das nichts. Im Vorjahr ist meine Freundin Mariella oft mit dabei gewesen. Es hat nichts gebracht. Denn auf einen Nenner gebracht, damit hast du jeden Tag zehn Probleme mehr. Erstens dein schlechtes Gewissen der Freundin gegenüber, du hast stets das Gefühl, sie beschäftigen zu müssen. Es reicht, wenn mir fad ist. Ich bin einer, der spontan entscheidet. Einer, der in Jeans reinhupft, essen geht, die Pizza runterwürgt und nach 30 Minuten wieder weg will. Ich möchte keine Diskussionen führen, welches Restaurant, welches Kleid, welche Schuhe, welchen Schmuck. Und nicht warten, bis sie fertig geschminkt ist. Meine Konzentration würde nachlassen, meine Konsequenz ebenfalls. Pfeif' auf die Liegestütze, bist eh fit, beschäftige dich lieber mit deiner Partnerin. Es würde sich auswirken, etwa bei 4:4 im dritten Satz und Einstand. Den nächsten Punkt macht dann der Gegner.

Die Verantwortung

Ich halte es für verantwortungslos, mit Frau und Kind unterwegs zu sein. Dem Papa wird alles gerichtet, dem Kind folglich auch. Es wird mit Spielsachen und Eis überschüttet, verhätschelt, wächst in einem künstlich geregelten Umfeld auf. Lebt in einer Scheinwelt. Hinzu kommen Jetleg, die wechselnden Schlafens- und Essenszeiten. Das ist Kindern gegenüber unverantwortlich.

Tennisspieler sind heimatlos. Jedes Hotel ist Heimat. Leibnitz ist nicht mehr meine Heimat. Das ist der Ort, wo ich geboren bin. Wo meine Wurzeln sind. Wo ich jedes Wegerl, jede Gasse, jedes Haus kenne. Wo ich Kind war. Und wohin ich immer gerne zurückkehre. Zu meinen Eltern. Auf Besuch.

In Monaco ist meine Wohnung, 90 Quadratmeter groß plus Terrasse. Dort sind meine persönlichen Sachen untergebracht, dort hängen meine Bilder. Und dort verbringe ich die meiste Zeit, sofern ich nicht gerade Tennis spiele. Und das ist relativ. Denn meistens spiele ich ja Tennis. Natürlich bin ich ein Zugereister, natürlich ist das Argument der geringen Steuer mit ausschlaggebend gewesen. Aber es ist seit Jahren mein Zuhause geworden.

Ich hatte aber nie das Gefühl, in meiner Jugend etwas versäumt zu haben. Für andere mag die Disco wichtig gewesen sein. Oder das Packerl Marlboro mit 14. Oder die Schulparty. Ich habe diese Dinge auch ausprobiert, mir waren sie aber nie so wichtig. Ich war genauso zelten, mit der selbstgebastelten Angel fischen. Nur war ich nie in einer Clique, hatte kaum Freunde. Ich war halt immer unterwegs. Und für mich wurden Ausnahmeregeln gemacht, deshalb war ich den anderen unsympathisch. Und konnte zudem auch besser Fußball spielen. Und viel besser Tennis. Das Phänomen ist, daß ich immer schon Außenseiter war. Und das wird sich wohl auch nicht ändern.

Die Welt, in der ich momentan lebe, ist abscheulich, verrückt, faszinierend und wunderschön zugleich. Sie ist jedenfalls vergänglich. Mitleid ist nicht angebracht. Selbstmitleid schon gar nicht. Nur ist sie nicht ganz so großartig, wie viele glauben. Aber auch nicht ganz so mies, wie ich mir manchmal einrede.

Bei meinen Selbstgesprächen im Hotel.

DIE GESCHICHTE MEINES KÖRPERS

DER GRENZBEREICH – *Das tägliche Überwinden –*
Das Leben mit Schmerzen – Das Tierische im Menschen –
Wie trainiere ich – Die Ernährung – Über Ästhetik –
Doping: Nein – Medizin: Ja

Tennis ist zunächst einmal Spaß, Spiel und Hobby. Wird es dann zum Beruf, kommt automatisch der Zwang dazu. Du mußt deiner Arbeit nachgehen, jeder muß das. Mit Schmerzen, ohne Schmerzen ist nicht mehr relevant. Und ab einem gewissen Alter, so gegen Ende deiner Karriere, zählt nur mehr eines: Wer kann mit seinen Abnützungen besser leben, besser umgehen. Denn Verletzungen hat jeder Tennisprofi.

Meine Schmerzgrenze liegt sehr hoch. Ich kann in Dimensionen vordringen, die vermutlich nur wenige erreichen. Nahe an der Bewußtlosigkeit. Das berühmte: „Ich kann nicht mehr", kommt bei mir später. Aber es kommt. Im Training häufiger als im Match.

Es ist erstaunlich, wieviel mein Körper im Grenzbereich aushalten kann. Nicht nur meiner, fast jeder. Menschen waren im Krieg, in Gefangenschaft. Kälte, Hunger, Durst, Untergewicht, Krankheiten, Angst. Sie haben es trotzdem überlebt. Sie mußten da durch, an ihre Grenzen gehen, sie sogar überschreiten.

Ich mache es freiwillig. Es ist reizvoll, sich zu überwinden, fertig zu sein, dein Limit zu erfahren. Und es geht immer noch ein Stückerl mehr. Und noch eins. Und noch eins. Das Spannende dabei: Du erfährst dein Limit nie, es ändert sich andauernd. Jeder Tag, jede Einheit, eine neue Erfahrung. Das Match ist eigentlich nur die Erholung.

Immer auf der Jagd

Mit Lust an der Qual hat das recht wenig zu tun. Vielmehr mit der Berufsauffassung. Als Spitzensportler mußt du deinen Körper ausschöpfen, aus der Reserve locken. Jeder Mensch ist im Prinzip faul. Weil wir letztendlich Tiere sind. Jedes Vieh sucht den Schatten auf, vermeidet jede Anstrengung. Ein Löwe liegt einfach nur da. Unterm Baum. Hinterm Strauch. Nur wenn er Hunger hat, steht er auf, jagt die Beute, strengt sich an. Der Mensch ist in gewisser Weise anders. Er legt sich freiwillig in die Sonne, um braun zu werden, um sich selbst zu quälen. Im Grunde bin ich ein Tier, ein fauler Löwe. Ich liebe das Nichtstun. Aber ich habe gelernt zu jagen. Dauernd hungrig zu sein.

Das Erhöhen der Schmerzgrenze ist bis zu einem gewissen Grad erlernbar, also trainierbar. Ein nicht unwesentlicher Teil dürfte aber angeboren sein. Mein Ruhepuls liegt bei 44. Bei größtmöglicher Anstrengung komme ich auf 175, maximal 178. 180 schaffe ich gar nicht mehr, da sind meine Muskeln längst sauer.

Jeden Tag dasselbe Spiel. Um Gottes willen, schon wieder Training, schon wieder schinden. Der Kampf, der Krampf mit dir selbst. Nach dem Aufstehen. Bin ich aber dann auf dem Platz – und mir ist klar, schlußendlich gehe ich ja doch hin, jeder muß ins Büro –, da kippt ein Schalter um. Ich kann dann Dinge bewältigen, ein Pensum absolvieren, das enorm ist. Im Winter sieben oder acht Stunden pro Tag. Schnelligkeitsübungen, Dehnen, Hürdensprünge, Sprints, Geschicklichkeits- und Balanceübungen. Dann Schlagtraining. Am Vormittag Technik, Grundschläge, am Nachmittag Aufschläge, Punktschläge, die Fehler vom Vormittag ausmerzen. Am Abend ab in die Kraftkammer, ein nettes Konditionsprogramm zum Drüberstreuen. Im Alter wird die Qualität des Trainings gesteigert, die Quantität reduziert. Deine Kondition, deine Muskeln, deine Kraft müssen bleiben, aber besser eingeteilt werden.

Wege zur Selbstvernichtung

Der Preis, den ich zahle, der ist hoch. Mein Bewegungsapparat ist abgenützt. Ich habe die Gelenke, das Kreuz – das von Natur aus sehr hohl ist – eines 50jährigen. Du betreibst Sport und weißt nicht, was auf dich zukommt. Es kriegt eine Eigendynamik, du wächst rein, beutest dich aus. Das geht jedem so. Die Selbstvernichtung ist überall. Nur der Weg und die Auswirkungen sind verschieden. Die meisten trinken, rauchen, essen zu viel, haben Magengeschwüre, Leberzirrhosen. Ich mache es mit Sport. Und ich bin fest davon überzeugt, daß mein Weg der sinnvollere ist. Zumal mir die Erfolge recht geben. Schlimm ist, wenn du nichts oder wenig erreicht hast und dein Körper trotzdem kaputt ist. Wenn ich mich in zwanzig oder dreißig Jahren beim Aufstehen minutenlang im Bett dehnen muß, ehe ich aufrecht ins Bad gehen kann, dann weiß ich wenigstens, warum es so ist. Und daß es sich gelohnt hat.

Ich stöhne bei jedem Schlag. Das ist automatisiert, liegt an meiner Atemtechnik. Ich atme eher ruhig ein, presse dann die Luft beim Schlag, bei der Extremsituation umso schneller, fast explosionsartig raus. Ich hab einmal versucht, nicht zu stöhnen. Mein Rhythmus war weg, die Bälle wurden unkontrollierbar. Ich stöhne, weil ich stöhnen muß. Nicht um die Gegner zu irritieren.

Ich finde meinen Körper, meine Bewegungen ästhetisch. Aggressiv, dynamisch, kraftvoll, nicht unbedingt elegant. Und auf eine gewisse Art unruhig, aber doch rund, einheitlich, ein Gesamtbild. Der Boris Becker spielt ein schönes Tennis, der Pete Sampras ein sauberes, der Stefan Edberg ein klassisches. Sofern Geschmack objektivierbar ist, sind die drei die größten Ästheten. Mein Stil gefällt oder gefällt nicht. Das Zappeln beim Aufschlag des Gegners hat nichts mit Hektik zu tun, die Gründe sind rein technisch. Sie waren es eigentlich, denn ich habe das abgestellt, stehe jetzt mit beiden Beinen am Boden. Beim Return kannst du so schneller reagieren. Springst du zu früh ab, kostet das zuviel Zeit, du kannst die Richtung in der Luft nicht mehr ändern.

Die Verantwortung

Du bist deinem Körper aber letztendlich doch verantwortlich und gewissen Regeln ausgesetzt. Also bin ich absolut gegen Doping. Das ist ein Regelverstoß. Genau wie ein Fehlstart in der Leichtathletik, genau wie ein Doppelfehler im Tennis. Es darf nicht sein, daß irgendwelche Pulverln oder Spritzen über den Ausgang eines Wettkampfes entscheiden. Die Frage ist nur: Was ist Doping, was nicht? Und manchmal, wenn du verkühlt bist, wird es haarig. Um Gottes willen, den Schnupfenspray darfst du nicht verwenden, da ist irgendein Stoff drin, der auf der Liste steht. Über gewisse Mittel läßt sich sicher streiten.

Nur darf das Prinzip nicht in Frage gestellt werden. Doping und Drogen sind schlecht, passen nicht zum Sport. Denn der hat ja mitunter auch mit Gesundheit und Bewegung zu tun. Jugendliche sollen ihren Körper fit halten, nicht weghauen. Und auch im Spitzensport, der mit Gesundheit zwar nur am Rande Gemeinsamkeiten hat, muß Doping verboten bleiben. Wir können keine Vorbilder sein, wenn wir koksen, gifteln, spritzen. Man kann nicht ein bisserl dagegen oder dafür sein, es gibt nur ein Nein oder Ja. Ich sage: Nein. Es ist völlig wurscht, ob wir uns in Grenzbereichen bewegen oder nicht. Der Mißbrauch muß bestraft werden. Kontrollen sind notwendig, ich wurde in meiner Karriere ein Dutzend Mal getestet. Unangemeldet. Die Ergebnisse waren immer negativ. Sie wurden aber nie veröffentlicht.

Meinen bisher letzten Test habe ich sogar freiwillig gemacht, heuer nach dem Finale von Monte Carlo. Boris Becker hatte so dumme Andeutungen gemacht. Mit dem Muster stimme etwas nicht, am Vortag noch scheintot, jetzt Turniersieger, zumindest ein hervorragender Schauspieler. Einerseits verstand ich seinen Frust, zwei vergebene Matchbälle im vierten, ein 0:6 im fünften Satz schmerzen. Andererseits war ich wütend und enttäuscht. Was gibt ihm das Recht, so daherzureden. Einer wie er, der soviel gewonnen hat, sollte die Leistungen anderer akzeptieren. Ich ließ mich also testen, bestand auf Bekanntgabe des Resultates. Negativ, nona. Becker wurde von der ATP eine Geldstrafe von 20 000 Dollar aufgebrummt. Ob er sie bezahlt hat, weiß ich nicht, ist mir egal. Ich weiß nur, daß er sich bei mir niemals entschuldigt hat.

Doping: Nein, heißt Medizin: Ja. Das muß man total trennen. Ärzte und Physiotherapeuten sind im Spitzensport nicht mehr wegzudenken. Ohne sie gäbe es keinen Muster. Mein Körper ist Belastungen ausgesetzt, die außerhalb der Norm sind, sein müssen. Er kann sich praktisch nie regenerieren, Verletzungen in den Knochen, Muskeln, Sehnen, Bändern sind vorprogrammiert. Es geht darum, den Schmerz zu lindern, Ärgeres zu verhindern. Die Medizin ist mein tägliches Brot.

Die Ernährung – das andere, eigentliche Brot – spielt natürlich eine große Rolle. Bei meinem enormen Energieverbrauch benötige ich zusätzlich Vitamine, Kohlenhydrate, Zucker und Mineralstoffe. Die kannst du durchs normale Essen nicht aufnehmen, da streikt der Verdauungsapparat. Du mußt die Mahlzeiten timen. Im Tennis ist das schwierig, du weißt ja nie genau, wann du drankommst. Die Partien vor deiner können ja jeweils ein, zwei oder drei Stunden dauern.

Einen speziellen Speiseplan habe ich nicht, ich bin kein Anhänger irgendeiner Philosophie, einer Religion. Im Prinzip esse ich, was mir schmeckt, nur ausgeglichen soll es sein, von allem etwas. Natürlich habe ich mich mit Ernährungsthemen beschäftigt, herumexperimentiert. Das tue ich heute noch. In der Jugend war es intensiver: Baldur Preiml machte Müsli, selbstgebackenes Brot, Soja und diese Dinge salonfähig, ich habe darauf geschworen, meine Mutter hat sie mir gekocht. Aber wenn du einmal von zuhause weg bist, hört sich das auf, da gibt's keine Extrawürste mehr. Tourst du das ganze Jahr um die Welt, mußt du dich anpassen. Mein Magen muß es. Und der hält einiges aus. Schließlich ist er ja auch ein Teil meines Körpers.

DIE GESCHICHTE MEINER PSYCHE

REALISTISCHE ZIELE MOTIVIEREN – *Der Haß zu verlieren –*
Meine Krisen – Weshalb ich mental so stark bin – Die
Kunst zu bluffen – Der Schalter in mir – Meine Leitsätze –
Die Tennisdämonen – Die Frage nach dem Sinn – Was
dich nicht umbringt, macht dich stark

Um erfolgreich zu sein, mußt du Ziele haben. Ein guter
Freund, ein Trainer oder sonstwer kann sie dir stecken,
aber du mußt überzeugt sein, sie zu erreichen. Und ganz
fest daran glauben. Dann sind Umsetzung, Weg, Motivation, Wille keine Kunst mehr. Bei mir werden dann enorme
Energien frei, denn meine Ziele sind ja realistisch, für mich
glaubhaft, abgesteckt.

Das „Nie Aufgeben" hat den simplen Grund, daß ich es
hasse zu verlieren. Es gibt so Sätze, Floskeln aus meiner
Kindheit, die banal klingen mögen, aber in Wahrheit sehr
gescheit sind. „Aufgeben tut man nur einen Brief", hat
mein Vater zu mir gesagt. Nicht einmal, mehrmals. Es hat
mich gelehrt, bewußt oder unbewußt, mit heiklen Situationen umzugehen, bis zuletzt zu kämpfen und zu hoffen.
Zwei oder drei Punkte entscheiden ein Tennisspiel, da mußt
du hinkommen, dich drüberretten. Drüberretten heißt, daß
man dem Gegner durch die eigene Körpersprache klar
macht, daß er der Schwächere und eigentlich chancenlos
ist.

Du mußt dem anderen mitunter eine starke Psyche vor-
täuschen, er darf nie merken, wie du wirklich beisammen
bist. Du mußt aufrechter gehen, wenn er wankt, wenn er
herschaut. Dein Hirn gehört taktisch richtig eingesetzt.

Ich beobachte den Gegner unauffällig, der gibt mir unbewußt Zeichen. Ich spüre, ob er noch in der Lage ist zuzusetzen. Bei mir spüren sie das nicht oder kaum, ich bin

ein Steher, ich kann sie länger hinhalten. Und irgendwann resignieren sie. „Mit dem Muster werde ich nicht fertig. Den kann ich nie schlagen."

Das Klick in mir

Wenn ich auf dem Platz stehe, dann verändert sich mein Wesen, macht irgend etwas Klick in mir. Ich werde aggressiver, es macht mir Spaß zu sehen, daß ich dem Gegner körperlich überlegen bin. Ich genieße es, wenn er von einer Ecke in die andere hechelt. Wenn er sich wehrt. Bis zum 25. Ballwechsel. Klingt sadistisch, ist wohl sadistisch.

Dieses Klick brauche ich unbedingt. Es schaltet die Bereitschaft zur Leistung, mein Erregungspotential ein. Hängt der Schalter, bin ich lethargisch, funktioniert auch der Körper nicht. Die Beinarbeit ist schlecht, man steht nicht richtig zum Ball, dein Spiel ist schlecht. Geist und Körper sind eine Einheit. Ist der Körper verletzt, ist die Psyche auch angeschlagen. Oder umgekehrt. Sind deine Gedanken durcheinander, sind die Beine, die Arme schwerer. Und du bist verletzungsanfälliger, eine Zerrung ist wahrscheinlicher, wenn du im Hirn nicht fit bist. Der psychosomatische Muskelfasereinriß.

Meine größte mentale Leistung war sicherlich das Comeback nach dem Unfall. Erst die Operation, dann das Aufbautraining. Die permanente Angst – nie wieder richtig fit zu werden – im Schädel. Mist, da fehlt ein Zentimeter, früher hättest du den Ball noch erwischt, da warst du schneller, jetzt bist du zu spät dran. Und immer wieder: Warum ist das ausgerechnet mir passiert? Ich schaffe es nicht, es ist sinnlos. Und noch dazu die eingeschränkte Beweglichkeit im Knie. Du willst es voll abbiegen, es gelingt dir aber nicht.

Man muß sich meine Situation so vorstellen: 1988 bin ich in die Top 20 vorgestoßen, ein Jahr später war ich einer der zehn Besten. Und dann der Unfall, auf einmal schien alles für Nichts gewesen zu sein. Du liegst eingegipst im Bett, kannst dich nicht rühren, spürst wie dein Bein dünner und dünner wird, bist aber durch die Arithmetik des Computers Sechster. Unglaublich pervers, in Wahrheit blies ich absolut am letzten Loch, heulte, weinte.

Du trainierst wie ein Vieh, versuchst Versäumtes nachzuholen. Und zweifelst an Dir. Jeder kleine Fehler, jede noch so winzige Schwäche wird 483 mal hinterfragt, du suchst nach Erklärungen. Und kommst immer wieder auf den Unfall, führst alles darauf zurück, hast praktisch einen Schuldigen, eine Ausrede. Ich war einfach am Ende. Dauernd der doppelte Aufwand. Für halbe Ergebnisse. Ich schaffte es trotzdem, legte 1990 eine gute Saison hin, gewann gleich das Hartplatzturnier in Adelaide. Spielte Tennis, spielte Tennis, spielte Tennis. Und immer im Hinterkopf: Hält das dein Knie aus? Wie lange drückst du das durch? Aber das Selbstvertrauen stimmte wieder. Schien zu stimmen, denn Siege decken alles zu. Der Einbruch kam am Jahresende. Der Körper streikte, Tennisellbogen, wieder Schmerzen, wieder Medikamente. Für meine Gefühle, meine Seele gab es allerdings keine Pulverln.

Punkt ohne Wiederkehr

Ich hatte Ende 1990 den Punkt erreicht. Der Point of no Return war da. Zehn Tage Pause nutzten nichts, der Arm blieb ein Tennisarm. Ich hätte mit Ronnie nach Australien fahren sollen, alles war ausgemacht. Wer nicht zum Abflug erschienen ist, war der Muster, wer weg war, war der Leitgeb. Die Trennung mußte sein. Ich war am Verrücktwerden. Ich habe keine Tennisbälle auf mich zufliegen gesehen, es waren irgendwelche, undefinierbare Gegenstände. Mein einziger Wunsch: Alle Schläger dieser Welt an Wänden zertrümmern, die Überreste in den Boden einstampfen. Meine Botschaft an die Menschheit: Leckt's mich, grabt's euch ein. Oder, der Einfachheit halber: Grabt mich ein, dann seh ich euch auch nicht. Ich hatte mir keine Ziele gesetzt, den Plan verloren, das war der Fehler.

Emotional war ich völlig am Ende, ausgeschaut habe ich wie der Tod. Ringe unter den Augen wie ein Drogensüchtiger. Ich bin statt nach Australien zum Tennis, nach London zum Leben gefahren. Mit einem Freund, dem Musiker Andi. Tag und Nacht sind wir durch Klubs gezogen, ich habe ein bis zwei Packerl Marlboro getschickt, brav gehustet, war in Discos, im Theater, in Plattenstudios, in Kellern. Habe den wildesten Bands zugehört, ihnen die Verstärker angeschlossen, einfach mitgeholfen. Ab und zu durfte ich mich dann ans Schlagzeug setzen. Ich trug nur schwarzes Gewand, das entsprach meiner Stimmung.

Krisen prägen. Ob sie notwendig sind, vor allem in welcher Intensität, weiß ich nicht, mag sein. Hast du die wenigen großen bewältigt, hilft das bei den vielen kleinen. Du kannst nicht zwölf Monate im Jahr geistig auf der Höhe sein, du mußt mit Einbrüchen leben. Verlierst du halt zwei oder dreimal hintereinander in der ersten Runde. Na und, wurscht. Nicht grübeln. Neue Ziele setzen. Löcher sind zum Stopfen da. Und dir muß klar sein, daß sie immer wieder aufreißen können.

Die Tennisgeister

Ich kann meine Psyche trainieren. Mein Leben funktioniert nach bestimmten Leitsätzen. Und Leitfäden sind zum Beispiel das Buch „Tennis im Kopf. Der mentale Weg zum Erfolg" von James E. Loehr. Darin schreibt er zum Thema Ziele und Einstellungen, das Beste aus dem Spiel machen: „In der Tenniswelt gibt es viele Dämonen, die nur darauf warten, diese Sportart schwieriger, komplexer, frustrierender und sogar beängstigender zu machen, als sie sein sollte. Schlechte Spielbedingungen, Verletzungen, Nervosität und Streß verschwören sich, um die Freude der Spieler am Tennis zu beeinträchtigen. Sie brauchen nur zwei Dinge, um diese Dämonen bekämpfen zu können: die richtige Einstellung und konstruktive Ziele. Die richtige Einstellung heißt, stets daran zu denken, daß Tennis ein Spiel ist – ein Freizeitspiel, das den größten Spaß macht, wenn man sich realistische, erreichbare Ziele setzt und daran arbeitet, diese Ziele mit Enthusiasmus zu erreichen und sich dadurch belohnt fühlt, daß man weiß, daß man sein Bestes gegeben hat, ein fairer Sportler war und vom Wettkampf körperlich, geistig und emotional profitiert hat. Tennis kann auch als eine Art Geisteszustand angesehen werden. Und wenn Sie Gefallen an der großartigen Bewegung und dem herausfordernden Test ihrer Fähigkeit finden, wenn Sie Geschmack daran finden, daß jeder Tag Ihnen die Gelegenheit gibt, Ihre Fertigkeit zu verbessern, und jedes Match Ihnen die Chance bietet, Ihr allerbestes Tennis zu spielen, dann werden Sie die Tennis-Dämonen beiseite schieben und werden ein Leben lang Gewinn aus dem Tennisspiel ziehen."

Über das Neudefinieren von Zielen ist zu lesen: „Manchmal scheinen jedoch die Fertigkeiten eines Spielers mitten in der Karriere abzunehmen. Das heißt nicht, daß der ehemalige Spitzenspieler mentale Stärke nicht mehr braucht, ganz im Gegenteil!! Das ist der Zeitpunkt, wenn der Spieler sich von der normalen mentalen Stärke zur extra-mentalen Stärke steigert! Wo liegt der Unterschied? Mentale Stärke bedeutet normalerweise lediglich entscheidende Punkte, große Spiele, große Turniere gewinnen, niemals aufgeben, tolle Bälle schlagen, das Übliche eben. Die extreme mentale Stärke ist für besondere Situationen wie Rollstuhltennis, mit starken Schmerzen oder Verletzungen spielen. Sie wird auch von Kindern gebraucht, die unter dem hochgradig belastenden Einfluß zu engagierter, unvernünftiger und übereifriger Eltern spielen. Noch etwas sollte dieser Liste hinzugefügt werden. Man kann es das Elend des ausgedienten Kriegers nennen."

Ich lese Skripten, spreche mit Leuten, Ronnies Vater – er ist Fachpsychologe – hat mir immer wieder Tips gegeben. Ich führe ein eigenes Buch, da schreibe ich Zitate rein, von Menschen, die mir imponieren. Von Loehr habe ich mir dick unterstrichen: „Seien Sie selbst ihr bester Fan." „Kontollieren Sie ihre Gedanken." „Kontrollieren Sie ihr Verhalten." „Strategie beibehalten."

Solche Sprüche müssen nicht unbedingt von Sportlern stammen, einfach von Persönlichkeiten. Das kann ein Philosoph, ein Popstar oder sonstwer sein. Menschen, die meine Probleme verstehen, die imstande sind, meine Situation nachzuvollziehen.

Der Fluch des Wechselspiels

Der Sänger betritt die Bühne, 50 000 kreischen, umjubeln ihn. Er gibt sein Bestes, ist danach völlig leer. Und unheimlich einsam. Praktisch ein anderer Mensch. Er selbst. Allein in der Garderobe. Er führt Selbstgespräche. Um dem zu entgehen, gibt er viele Konzerte. Ich spiele viel Tennis. Alle Menschen sind einsam, bei Stars ist es nur weit schizophrener, das Wechselspiel der Gefühle extremer.

Die Kernfrage, die ich mir stelle, ist die nach dem Sinn des Spiels. Warum Tennis? Warum noch immer Tennis? Ein Arzt rettet Leben, das macht Sinn. Ich dresche Bälle übers Netz, ein Golfer versucht einen noch kleineren in ein Loch zu befördern, 22 Fußballer einen größeren in ein Tor. Sinnlos? Ich habe beschlossen, diese Frage unbeantwortet zu lassen. Sinn finden bedeutet, Illusionen aufgeben.

Sie werden ohnedies immer weniger, der Realismus holt dich ein. Träume sind Schnee von gestern, du gehst im Alter Kompromisse ein, machst Abstriche. All meine Fluchtversuche sind gescheitert, schlußendlich bin ich immer wieder beim Tennis gelandet. Denn das kann ich, das habe ich gelernt, in das habe ich unglaublich viel Zeit investiert. Tennis war immer, vor allem in Krisenzeiten, meine Zuflucht. Dieses Wissen hat mich stark gemacht. Und vorsichtig. Und vernünftig.

Die Geschichte von Vilas

Mir fällt sehr oft der Guillermo Vilas ein. Seine Geschichte hat er mir einmal in Paris erzählt. Als er mit dem Tennis aufhörte, wollte er sich weiterbewegen. Er hat gesagt, „Also gehe ich boxen". Und er hat sich brav einen Schutzhelm aufgesetzt, beim ersten Training hat ihm dann trotzdem einer die Nase gebrochen, sie war einfach zu lang. Also hat er es mit Basketball probiert. Ganz allein hat er Körbe geworfen, dann sind sie draufgekommen, daß der Vilas Basketball spielt. Auf einmal hat er 1 000 Leute um sich gehabt, die mit ihm spielen wollten, die noch dazu viel größer waren als er. Er wollte aber nicht. Und so ist er laufen gegangen. Beim zweiten Mal ist er umgekippt, das Band war gerissen. Und jetzt bewegt er sich wieder auf dem Tennisplatz. Für ihn ist Tennis immer das einzig Wahre gewesen, es ist ihm erst nach seiner Karriere so richtig bewußt geworden. Ich weiß das in meiner Karriere.

Ich bin ein Produkt der Medien, spiele mit. Ich bin anders als das Bild von mir. Die Zeitungen haben mich eben zur Maschine, zum Roboter gemacht, der in den Keller lachen geht. Der kaltblütige Egoist, der keine Gefühle zeigt. Mein Spielstil paßt zu diesem Bild. Und dieses Bild hat meine Psyche geprägt. Ich nütze mein Image aus, arrangiere mich, pflege es sogar, mache das Beste daraus. Auf dem Tennisplatz. Und die Gegner glauben es. Es hilft mir, zu gewinnen. Nur bin ich nicht so. Mich kennt keiner. Vielleicht meine Eltern. Vielleicht der Ronnie.

Das Licht am Horizont

Es sind also einfache Sätze, die mich stark gemacht haben. „Was dich nicht umbringt, baut dich auf", ist so einer. Banal, aber wahr. Oder das „Aufgeben tut man nur einen Brief", meines Vaters. Als ich ein Kind war und einen Fetzen nach dem anderen in der Schule gekriegt habe, hat mich meine Mutter aufgerichtet. „Wenn du glaubst, es

Siegespose

Stuttgart 1995: Schon wieder Muster!

bühel 1995: Finalniederlage gegen Alberto Costa

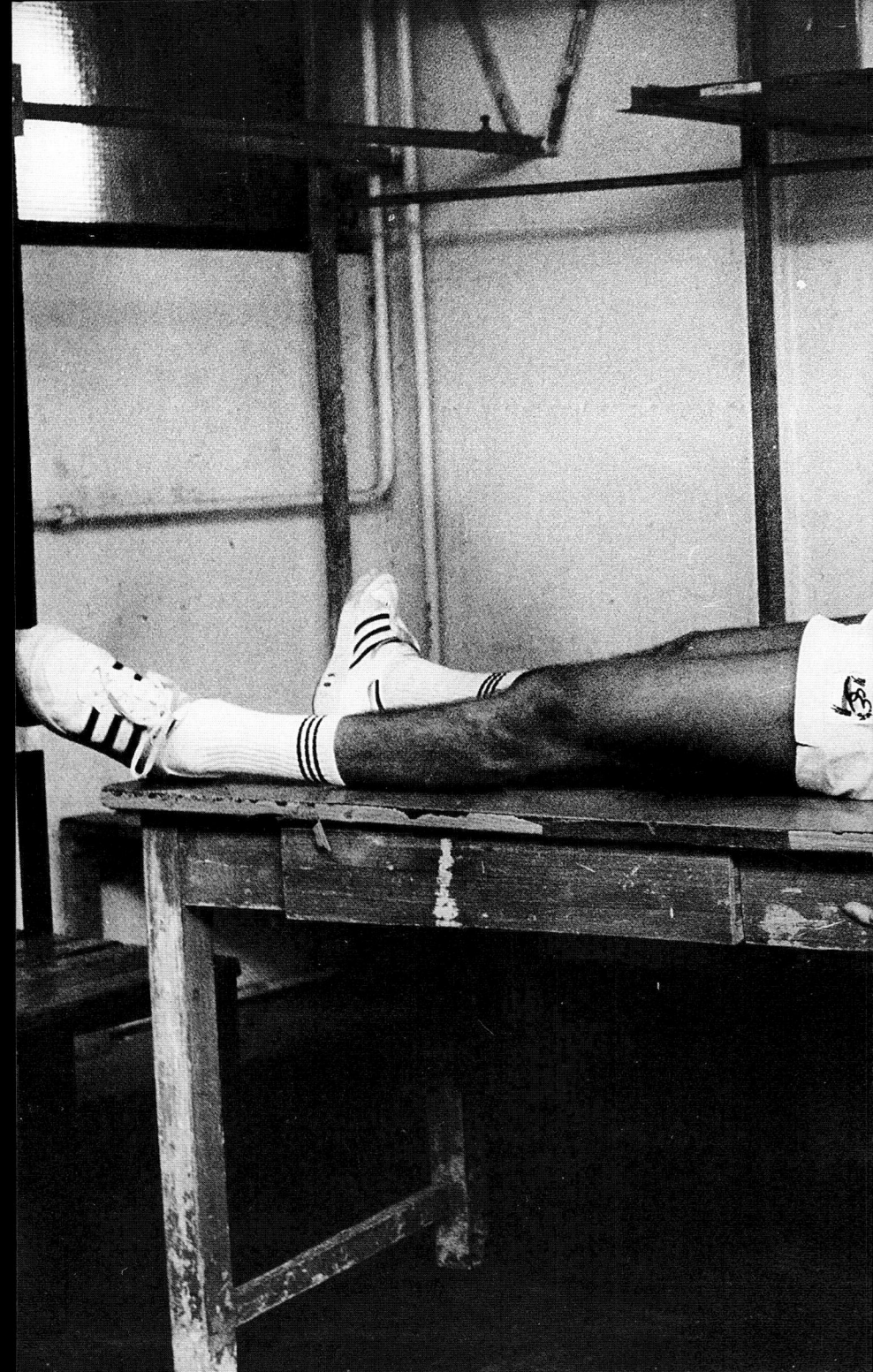

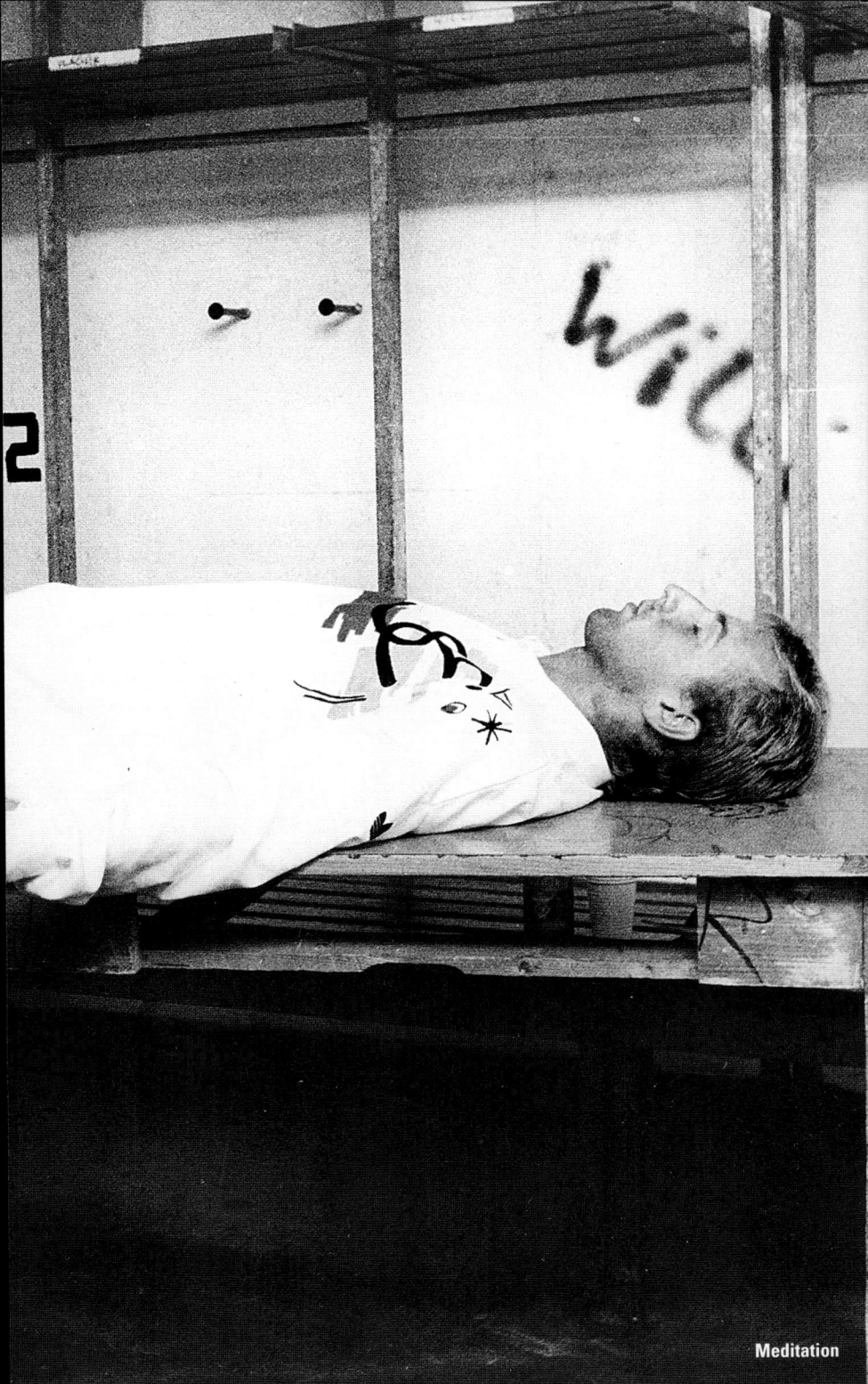

Meditation

Sch*

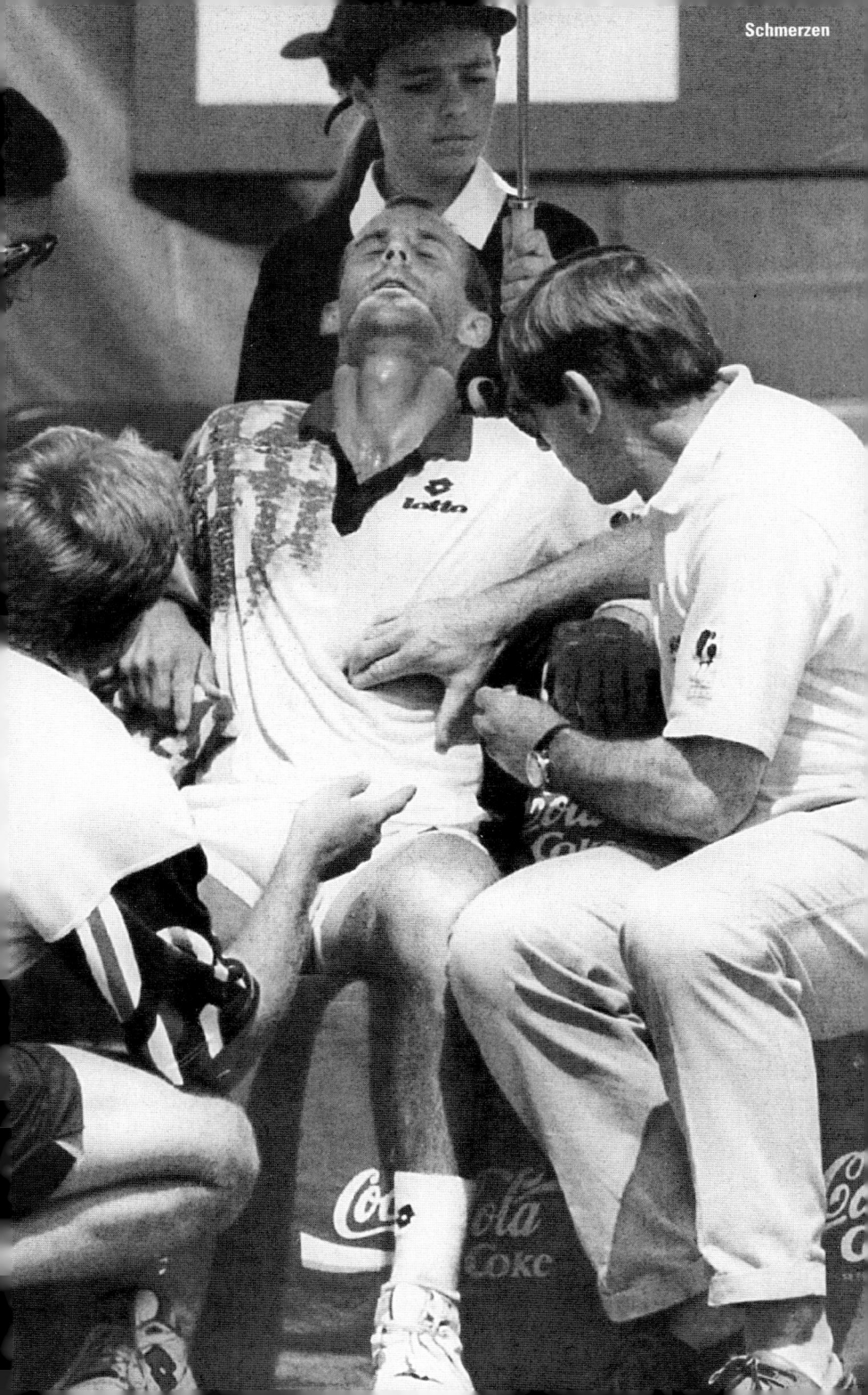

Trainingspartner Andrea Gaudenzi bringt Muster immer auf die Beine

NACH AUSSCHEIDEN STUTTGART × SANCHEZ

KRAFTKAMMEL 23.7. / 1993 SÜDSTADT   3 DURCHGÄNGE

				2 DG	3 DG
① BANK DRÜCKEN	-1/2 13 SCHEIBEN	9× (SEHR ANSTRENGEND) -!		-1 1-2 13 SCHEIB.	10
② BEINSTRECKER	7 Ü / 7 RE	9×		8	7
③ RÜCKENZUG	8 SCHEIBEN	12× N	-!	8	6

④ SITUPS   40×
   └─ FROSCH

⑤ BEINZUG – BEUGER   8 SCHEIBEN   12×   9   →
⑥ BICEPS   2 10KG – SCHEIBEN   15×   2×10 →
⑦ RÜCKEN MUSKULATUR → KATZE + 2 2,5KG GEWICHTE   30× → OHNE GEW.

⑧ LIEGESTÜTZ VORWÄRTS   30 LIEGESTÜTZ VORWÄRTS   →
                           40 LIEGESTÜTZ – RÜCKWÄRTS   →   30

⑨ WADENMUSKULATUR   8 SCHEIBEN   20×   12 →
⑩ BRUSTMASCHINE   10 SCHEIBEN   12×   11   9 / WIEDERHOLEN

⑪ ZUGGT   JE 10 SCHEIBEN   10×   →
⑫ RÜCKEN ZUG = RUDERSITZ   8 SCHEIBEN   12×   →   10×

3× 10 KNIESTAND   } 3 KG MEDIZINBALL WERFEN
3× 10 BRUST → WEG }

Originaltrainingsprogramm vom 23.07.1993
zusammengestellt von Ronald Leitgeb

Taktik zum Spiel gegen Sergi Bruguera bei den US Open 1994
aufgezeichnet von Ronald Leitgeb

Thomas Musters Höhenflug

ATP-Rangliste 12. Juni 1995

Die Erfolgsserie - 35 Sandplatzsiege in Folge

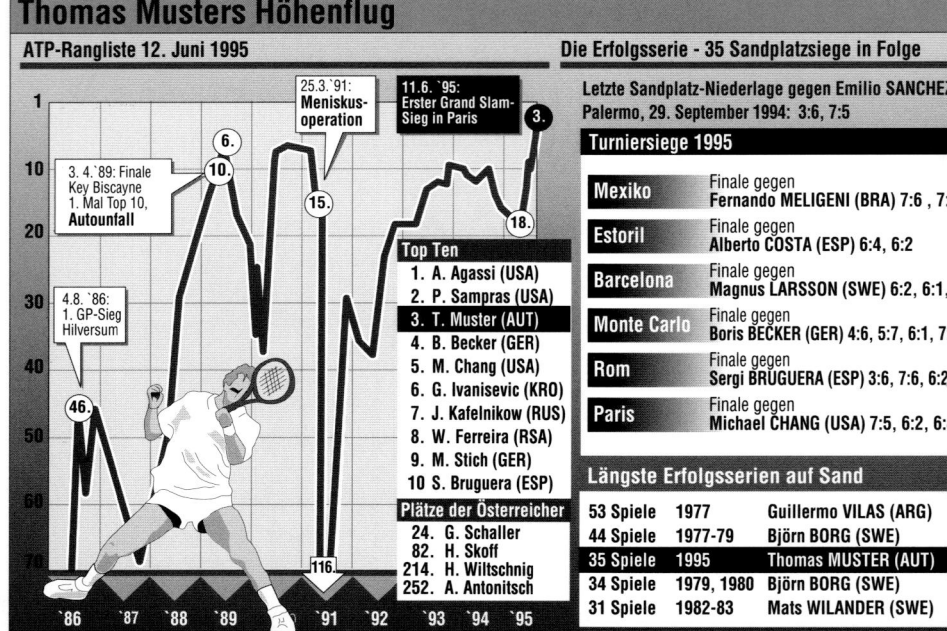

25.3.'91: Meniskus-operation

11.6. '95: Erster Grand Slam-Sieg in Paris

3. 4.'89: Finale Key Biscayne 1. Mal Top 10, **Autounfall**

4.8. '86: 1. GP-Sieg Hilversum

Top Ten

1. A. Agassi (USA)
2. P. Sampras (USA)
3. T. Muster (AUT)
4. B. Becker (GER)
5. M. Chang (USA)
6. G. Ivanisevic (KRO)
7. J. Kafelnikow (RUS)
8. W. Ferreira (RSA)
9. M. Stich (GER)
10 S. Bruguera (ESP)

Plätze der Österreicher

24. G. Schaller
82. H. Skoff
214. H. Wiltschnig
252. A. Antonitsch

'86 '87 '88 '89 '91 '92 '93 '94 '95

APA-Grafik, Quelle: APA

Letzte Sandplatz-Niederlage gegen Emilio SANCHEZ
Palermo, 29. September 1994: 3:6, 7:5

Turniersiege 1995

Mexiko	Finale gegen **Fernando MELIGENI (BRA)** 7:6 , 7:
Estoril	Finale gegen **Alberto COSTA (ESP)** 6:4, 6:2
Barcelona	Finale gegen **Magnus LARSSON (SWE)** 6:2, 6:1,
Monte Carlo	Finale gegen **Boris BECKER (GER)** 4:6, 5:7, 6:1, 7:
Rom	Finale gegen **Sergi BRUGUERA (ESP)** 3:6, 7:6, 6:2
Paris	Finale gegen **Michael CHANG (USA)** 7:5, 6:2, 6:

Längste Erfolgsserien auf Sand

53 Spiele	1977	Guillermo VILAS (ARG)
44 Spiele	1977-79	Björn BORG (SWE)
35 Spiele	1995	Thomas MUSTER (AUT)
34 Spiele	1979, 1980	Björn BORG (SWE)
31 Spiele	1982-83	Mats WILANDER (SWE)

Weltrangliste nach den French Open 95

④

- SEIEN SIE SELBST IHR BESTER
  FAN !

- KONTROLLIEREN SIE IHRE
  GEDANKEN !

- KONTROLLIEREN SIE IHR
  VERHALTEN !

STRATEGIE BEIBEHALTEN !

Merksätze

Muster, der Eishockeyspieler

Muster, der Fußballer

Muster, der Wuzler

geht nicht mehr, kommt von irgendwo ein Lichtlein her",
hat sie gesagt. Das hat mich beeindruckt, solche Dinge
sind in meinem Kopf hängengeblieben. Positiv denken,
auch wenn es dir schlecht geht. Mag dein Gegner noch so-
viele Matchbälle haben, warte ab, gib nicht auf, du hast
schon Ärgeres überstanden. Das Ziel, sie abzuwehren, ist
glaubhaft, ist realistisch. Und das Lichtlein bin ich dann
meist selbst. Ist meine Vorhand. Oder mein Wille.

DIE GESCHICHTE MEINES TENNIS

Ein Kind des Sandes – *Meine Technik* – *Mein Griff* –
Meine Stärke – *Meine Schwäche* – *Eine Nummer drei hat
Talent* – *Die Rolle des Trainers*

Es ist ein Klischee. Der Muster sei gar nicht so talentiert
gewesen, er habe sich alles hart erarbeiten müssen. Ich habe nie widersprochen, jetzt tue ich es. Abgesehen davon,
daß hart arbeiten nichts Schlechtes ist, stimmt es einfach
nicht, kann es einfach nicht stimmen. Denn ein „Untalent"
wird nicht die Nummer drei der Welt.
   Arbeiten ist letztendlich Talent. Körperliche Voraussetzungen, wie ich sie mitbringe, sind Talent. Und die Vor-
und Rückhand so spielen zu können ist auch Talent.
   Daß ich nicht so gut volliere, hat recht simple Gründe,
liegt an der Tradition, an meiner Ausbildung. Ich habe
eben drei Viertel meines Lebens an der Grundlinie verbracht. Deshalb bin ich eben der Muster geworden. Und
nicht der Stefan Edberg. Ich bin ein Kind des Sandes, fast
alle Europäer sind das. Die Hartplätze sind weit weg gewesen, in Amerika oder Australien. Der Stil, den du
spielst, ist einfach eine Frage deines Ursprungs, deiner
Wurzeln, des Belags, der dir zur Verfügung steht. Und der
Zeit, in der du aufwächst. Mein Vorbild war eben der
Vilas.
   Meine absoluten Stärken sind Vor- und Rückhand. Der
Aufschlag ist relativ plaziert, die Geschwindigkeit passabel. Davon lebt mein Spiel grundsätzlich. Hinzu kommen
die nahezu perfekte Beinarbeit, das G'spür, Bälle zu er-
ahnen. Und die Schlagsicherheit.
   Meine Schwächen liegen im Volley und im Return. Das
hat mit meiner extremen Griffhaltung zu tun. Es ist ein
Westerngriff, ich schlage die Bälle in einem Winkel von 60

oder 70 Grad, rasiere sie praktisch nur, die Fläche ist gering, der Treffpunkt muß ganz exakt sein. Durch die Bewegung von unten nach oben entsteht der Vorwärtsdrall, der Drive. Beim Volley muß ich somit umgreifen, der Winkel sollte da 90 Grad sein. Das kostet Zeit. Das macht die Unsicherheit aus. Jemand, der den Einheitsgriff spielt, trifft den Ball frontal, der hat es leichter. Die Griffhaltung ist sicher auch ein Grund für meine mäßigen Leistungen auf Rasen. Ein anderer ist der, daß ich mich nie wirklich damit auseinandergesetzt habe. Es gab aber auch kaum Gelegenheiten. Und die paar Erfahrungen in Wimbledon waren negativ.

Eigenheiten müssen sein

Ich spiele kein schulmäßiges Tennis. Keiner tut das. Jeder Schlag, den ein Profi ausführt, ist individuell, hat seine Richtigkeit. Deine Eigenheiten machen den Unterschied aus. Würden alle so spielen, wie es im Lehrbuch steht, gäbe es kein Spitzentennis.

Am Materialsektor ist in den vergangenen zehn, fünfzehn Jahren viel passiert. Trotzdem sind immer dieselben Leute vorne gewesen. Ein John McEnroe war mit dem Holzschläger Weltklasse, mit dem aus Graphit ebenfalls. Du mußt dich mit dem Material mitentwickeln, den Gegebenheiten anpassen. Würde ich heute noch so spielen wie vor fünf Jahren, ich wäre die Nummer 150. Die größte Umstellung für mich bedeutete, mehr in den Platz hineinzugehen, die Flugbahn zu verkürzen. Das alte Sandwichtennis, hoch und mit Drall übers Netz schießen, auf Fehler des Gegners zu warten, hat ausgedient. Heute geht's darum: Wer macht die Punkte, wer schlägt die Asse, wer hält das Tempo durch. In fünf Jahren wird es vielleicht so schnell wie im Tischtennis sein.

Mein Tennis hatte und hat immer mit Disziplin und Aufwand zu tun. Ich kann mich nicht durchlavieren. Ein Fußballer kann sich manchmal durchlavieren, macht er

Fehler oder überhaupt, gibt es immer noch zehn andere. Im Tennis fällt dein Mist ausschließlich auf dich zurück. Du kannst dich also nie zurücklehnen und ausrasten, geschweige denn verstecken. Weil es jeder sofort merken würde. Die tägliche Arbeitsdisziplin muß sein.

Ich kann mein Tennis in technischer Hinsicht nur verbessern, wenn ich dazu die athletischen Grundvoraussetzungen schaffe. Als Andre Agassi zehn Kilo zuviel hatte, war er nirgendwo. Erfolg ist eine Frage der Disziplin. Du mußt fürs Tennis leben, dich damit auseinandersetzen.

Das Wesen des Betreuers

Ein guter Trainer ist unheimlich wichtig. Bist du Kind, lehrt er dich die Handgriffe, erklärt er dir die Prinzipien. Und er kann mit dir, gegen dich spielen. Er ist ja größer, kräftiger. Das ändert sich dann, denn irgendwann ist der Zeitpunkt gekommen, da bist du besser, du kannst dir nichts mehr abschauen, hast ihn übertroffen. Der Trainer ist dann mehr und mehr Betreuer geworden. Es wäre ja absurd, es kann keinen geben, der besser als die Nummer drei ist. Ich müßte dann den Agassi oder Sampras verpflichten.

Ronnie ist also in erster Linie mein Coach, mein Betreuer, in zweiter Trainer. Er nimmt Dinge ab, die einen zusätzlich belasten würden. Organisiert das Training, die Trainingspartner, erstellt Programme, die Abwechslung schaffen. Kontrolliert die Technik, überlegt neue Methoden, stimmt den Turnierplan ab. Kümmert sich ums Geschäftliche. Er ist nicht dazu da, um mit mir Ballerl zu schupfen. Er schafft mir den Rahmen, damit ich mich aufs Wesentliche, aufs Tennis konzentrieren kann. Es geht darum, daß er weiß, wie er mich wann und wo motivieren kann. Wie er Krisen bewältigt. Wie er mich aufbaut. Wie er meinen Ehrgeiz weckt. Wie er mich auf Fehler aufmerksam macht. Wie er mich bei Laune hält. Das Zwischenmenschliche ist entscheidend. Du brauchst einen, mit dem du reden kannst. Dem du vertraust. Der dir vertraut.

Auf dem Platz bist du dann alleine. Da zählt dein Tennis. Willst du an die Spitze kommen und oben bleiben, gibt es nur ein Rezept: Die Schwächen ausmerzen, die Stärken verbessern. Du darfst keine Entwicklung verabsäumen. Mußt immer wachsam sein.

TENNIS
WOHIN GEHST DU

SPORT ALS KRISENMANAGEMENT – *Die gute alte Zeit –*
Politik in Amerika – Geld in Europa – Sandplatztennis darf
nicht sterben – ATP sei wachsam – Regeländerungen sind
Augenauswischerei – Was ist zumutbar?

Tennis hat sich in den vergangenen zehn Jahren enorm
entwickelt. Vom Tempo her. Vom Material her. Von der
Technik her. Schaut man sich Fernsehaufzeichnungen aus
den Siebzigern oder Achtzigern an, bist du als Spieler irritiert, denkst, um Gottes willen, hatten die viel Zeit. Die
durften sich die Ecken ja noch aussuchen. Spiel ich dorthin oder besser dahin, vielleicht überhaupt in die Mitte.
Im Fußball war es ähnlich. Die konnten sich in aller Ruhe
den Ball runternehmen, stoppen, gemütlich herrichten, auf
den richtigen Fuß legen, dribbeln und dann schön langsam
überlegen, wohin damit.

Sport hat sich zum Krisenmanagement entwickelt. Du bist
ausschließlich mit Extremsituationen konfrontiert, stehst
permanent unter Druck, mußt instinktiv handeln, Zeit bleibt
dir keine, es ist kürzer, dafür intensiver geworden.

Man neigt dazu, die Vergangenheit zu verklären, auch
ich habe das monotone Aufschlag-Volley-Spiel, die kurzen
Ballwechsel, die neue Ära eben, mitunter kritisiert. Nur
muß man die Zeichen der Zeit erkennen und letztendlich
auch akzeptieren. Es ist unzulässig, einen Vilas oder Wi-
lander mit einem Sampras oder Becker zu vergleichen. Die
Formel 1 war vor 15 Jahren auch langsamer, man kann
jetzt nicht hergehen und behaupten, die Rennen seien deshalb fader geworden, weil die Autos heute schneller, technisch entwickelter sind.

Das Fehlen von Persönlichkeiten wird bemängelt. Die Nastases, die Connors, die McEnroes, mein Gott waren das Zeiten, waren das bunte Hunde. Man übersieht, daß Connors ein Flegel war, ebenso McEnroe, die haben sich mitunter an Stellen gegriffen, an die man sich nicht zu greifen hat, sie wurden wegen diverser Obszönitäten verwarnt, bestraft, kritisiert, von wegen unzumutbar für die Jugend. Zu ihrer aktiven Zeit waren sie nie die Vorbilder, als die sie heute hingestellt werden.

Mag sein, daß es in zehn Jahren heißt, erinnert ihr euch noch an den Muster, das war einer. Wie der gekämpft hat, wie der gerannt ist, wie kraftvoll und phantasievoll der gespielt hat. Schön zum Anschauen. Die Leute werden dann in einem Stadion sitzen, bei 70 Assen aufgehört haben mitzuzählen. Heute bin ich noch die Maschine, die Dampfwalze, der Terminator, das Tier.

Sekt und Kaviar

Die ATP ist natürlich gefordert. Sie sollte das Sandplatztennis schützen und fördern, in der Halle von Teppich auf Hardcourt wechseln. Natürlich ist es für den Promotor am einfachsten, einen Teppich zu verlegen, rundherum ein paar Tribünen aufzubauen und paßt schon. Die Frage ist die nach der Zumutbarkeit. Wenn die 120 ausgespielten Punkte aus 50 Assen, 30 Servicewinnern, 20 Doppelfehlern bestehen, bleibt nicht mehr viel über, das richtige Match beschränkt sich dann auf maximal 20 ansehnliche Ballwechsel. Sind die Leute bereit, dafür Geld auszugeben, okay, dann werden sie in den VIP-Loungen noch mehr Kaviar schlemmen und Sekt schlürfen. Die Sportinteressierten wollen aber einen Herrn Sampras mitunter schwitzen sehen.

Sandplatztennis bietet da mehr, stellt die höheren Ansprüche, ist komplexer. Du mußt servieren können, fit sein, mehr laufen, dir Gedanken über die Taktik machen.

Die ATP wurde gegründet, um die Interessen der Spieler

gegenüber dem Weltverband zu vertreten. 1990 wurde eine eigene Tour gegründet. Wieso arrangieren, machen wir es doch selbst, sind wir unser eigener Herr. Die Idee war und ist gut.

Allerdings sind wir heute soweit, daß in Europa zwar das Geld gemacht, in Amerika aber angeschafft wird. Und das ist falsch. Tennis ist in Europa populärer, da verkauft sich das Produkt von selbst. Wir brauchen keine Showeinlagen während der Seitenwechsel, keine Musik, keine kitschigen Feste, um den Sport anzukurbeln. Die Leute kommen in die Stadien ohne diesen Firlefanz. Trotzdem wird die Politik in den Staaten gemacht, der Kalender erstellt.

Sandplatztennis wird einfach nur mehr auf ein paar Wochen zusammengepreßt, der Rest ist Hartplatz oder Teppich. Die Amerikaner beschließen also, den Sand sterben zu lassen. Die Entscheidung ist Ende der 70er Jahre gefallen, als die US Open auf Hartplatz verlegt wurden. Für einen Spezialisten ist es heute enorm schwierig, die notwendigen Punkte zu machen, um in die absolute Weltklasse vorzudringen. Die Chancengleichheit ist einfach nicht mehr gegeben, ein Becker, ein Ivanisevic haben weit mehr Möglichkeiten, und die sind noch dazu übers Jahr verstreut. Ist es fair, Estoril, Barcelona, Monte Carlo, Hamburg, Rom und Paris in sieben Wochen abzuspulen. Mehr als ich 1995 gewonnen habe, ist praktisch unmöglich. Bist du aber stark auf harten Belägen, ist der Aufwand, Nummer eins zu werden, geringer. Du kannst Umfaller jederzeit ausbessern.

Die Europäer lassen sich das gefallen, stellen ihr Ausbildungssystem sogar in Frage, geben ihre Kultur auf. Obwohl 90 Prozent aller Tennisplätze Sand als Belag haben. Sie vergessen dabei, daß Sand der gesündeste, für den Körper schonendste Boden ist. Hätte ich mein Pensum auf Hartplätzen gespielt, dann hätte ich wahrscheinlich schon vor drei Jahren ein Rollwagerl benötigt.

Noch glaube ich nicht, daß zuviel Tennis gespielt wird, daß das System uns kaputt macht. Natürlich, wenn man bei vielen Turnieren ins Finale kommt, ist eine Überbeanspruchung gegeben. Aber die meisten scheiden ja vorzeitig aus, haben genügend Zeit, sich zu regenerieren. Die ATP sollte uns nicht vorschreiben, wann gespielt werden muß, die Erfindung der Off-Season im Dezember ist ein Unsinn, jeder soll sich aussuchen dürfen wann, wo und wieviel er spielen möchte. Durch diesen freien Monat kommt es in den anderen zu Staus, zu einem Überangebot.

Beschäftigungspolitik

Die vier Grand Slam-Turniere und der Daviscup, beide von der ITF, dem Weltverband, organisiert, sind natürlich auch, wenn nicht sogar die Säulen im Tennis. Der Grand Slam ist Leistungsprinzip pur, da gibt es keine Startgelder, keine Allüren, da versucht jeder, das Beste zu geben. Aber davon alleine kann man nicht leben, Tennis wäre unvollkommen, eine Tour muß sein, die Spieler müssen beschäftigt werden, Fußball wird ja auch jede Woche gespielt, und keiner regt sich auf. Es wäre ein Weg zurück ins Amateurtennis, immer die gleichen würden gewinnen, die Spitze wäre zu klein, Überraschungen fast ausgeschlossen.

Durch die ATP werden Spieler herangebildet, die hohe Quantität an Turnieren bedingt auch eine hohe Qualität der Sportler. Das System funktioniert, der Zuwachs ist enorm. Als ich begonnen habe, waren es 700 registrierte Aktive, jetzt sind es sicher schon 2 000.

Von Regeländerungen halte ich recht wenig, Tennis ist so erschaffen worden und soll auch so bleiben. Die Ausmaße des Platzes sind, wie sie sind, es wäre auch unfair, nur ein Service zuzulassen, um die Aufschläger zu schwächen. Warum sollten ein Ivanisevic, ein Rosset oder ein Krajicek ihrer stärksten Waffe beraubt werden? Ebenso könnte man fordern, der Muster oder der Chang dürfen den Ball maximal zehnmal übers Netz schießen, wenn dann der Punkt immer noch nicht gemacht ist, wird wiederholt. Oder ich müßte ab sofort auf einem Bein hupfen, weil meine Schnelligkeit ungerecht ist. Jeder könnte sich über etwas anderes beschweren, da gibt es keine Grenzen. Außerdem würde sich alles nur verlagern. Schwächt man etwa den Aufschlag, dann wäre der Return eben genau das, was das Service heute ist. Wichtig wäre ein fairer, ausgeglichener Tunierplan. Jeder Spielertyp, egal ob zwei Meter groß oder eineinhalb Meter klein, sollte die Chance haben, Nummer eins zu werden.

Das Glied einer Kette

Ich mache mir über die Zukunft des Tennis im allgemeinen keine großen Sorgen. Natürlich kann man die Sinnhaftigkeit des Sports – abgesehen davon, daß Bewegung gesund ist und Spaß macht – überhaupt in Frage stellen. Ist es sinnvoll, wenn beim Fußball 22 Mann einem Ball nachrennen und versuchen, diesen in ein Kastl zu schießen? Ist es sinnvoll, eine ganz kleine Kugel mit einem Schläger in ein winziges Loch zu transportieren, welches 500 Meter entfernt ist? Das nennt sich dann Golf. Aber solange die Leute das sehen wollen, noch dazu in Vollendung, solange die Faszination am Spiel gegeben ist, sie ihren Vorbildern nacheifern wollen, solange wird es einen Markt dafür geben, wird eine Industrie dahinterstecken. Wir sind die Clowns in der Manege, nur ein winziger Teil des Geschäfts, ein Glied in einer langen Kette.

Aber wir haben Verantwortung, müssen auf die Menschen zugehen, den Kontakt mit den Fans pflegen, auf sie zugehen, sei es mit Street-Tennis oder anderen Aktionen. Fällt ein Glied weg, ist die ganze Kette gerissen.

OH DU MEIN ÖSTERREICH

MEIN VERHÄLTNIS ZUR NATION – *Ich bin gerne
Österreicher – Extremer Patriotismus ist schlecht – Helden
müssen unten sein – Bin kein Diplomat – Daviscup ist
Geschäft und Emotion – Tennispolitik in Österreich –
Verband muß von Profis geführt werden*

Mir wurde sehr oft vorgeworfen, ich sei kein Patriot, besitze keinen sehr ausgeprägten Nationalstolz. Das stimmt nicht, die Resultate sprechen dagegen und für sich. Gerade im Daviscup spielte ich mit den größten Emotionen, übernahm Verantwortung, bot immer starke Leistungen.

Es ist ein Länderspiel. Man spürt das, ich stehe drauf. Das normale Turniertennis ist ja fast frei von Chauvinismus, da spielt irgendeiner irgendwo gegen irgendeinen anderen, in Frankreich trifft etwa ein Italiener auf einen Amerikaner. Das Publikum ist praktisch neutral, objektiver Beobachter, hält zum Sympathischeren, zum Charismatischeren, möchte in erster Linie ein gutes Match sehen.

Daviscup ist Abwechslung. Genau wie ein Turnier in der Heimat, also in Wien, Kitzbühel oder St. Pölten. Die Leute wollen dich siegen sehen. Und du baust ein spezielles Verhältnis zu den Zuschauern auf, willst nicht nur dir etwas beweisen. Das spornt einerseits an, anderseits hast du den doppelten Druck. Den normalen eigenen, den unnormalen fremden. Heute spielen wir, nicht der Muster.

Mag sein, daß sich der Österreicher, die Österreicherin erst an mich gewöhnen mußten. Der Umkehrschluß ist zulässig. Der Weg, den ich gegangen bin, war neu, untypisch, fast abstrakt. Ohne Kompromisse. Ich war nie diplomatisch, nie bodenständig oder volkstümlich wie die Skifahrer, habe nie gesagt, „Ich trinke gerne ein Bier und esse dazu Würstel mit Saft." Oder: „Super, die Berge, von da komme ich her." Auch wenn es stimmt, ich fand es nie erwähnenswert, wollte mich nie einschmeicheln. Extremer Patriotismus ist mir fremd. Ich bin gerne Österreicher, aber überall auf der Welt daheim.

Die Chancengleichheit

Ich kenne keinen Prominenten, von Niki Lauda über Franz Klammer bis hin zu Gerhard Berger, der nicht mit dem Phänomen „Neid" konfrontiert war oder ist. Erwin Ringel hat das ja auch in seinem Buch „Die österreichische Seele" behandelt. Der Österreicher, ein Teil davon, liebt es, seine Helden siegen zu sehen. Das hebt sein Selbstwertgefühl, schließlich sind wir ein kleines Land, haben es den großen gezeigt. Er schaut sich deshalb Fußballländerspiele an, ein Autorennen mit dem Gerhard Berger oder eine Tennispartie vom Muster. Da besteht Chancengleichheit. Aber ihm ist auch nicht ganz unrecht, seinen Helden fallen zu sehen. Warum soll es dem besser gehen als mir? Ich kann dieser Mentalität zwar nichts abgewinnen, sie aber durchaus verstehen.

Dem österreichischen Tennisverband habe ich die Aufnahme in die Südstadt zu verdanken. Damals mußte man hart dafür arbeiten, es war eine Anerkennung, eine Belohnung, im Leistungszentrum zu sein. Nach dem Ausscheiden von Stan Francker hat sich die Situation drastisch verschlechtert, es steckte kein System dahinter, maximal jenes von Kraut und Rüben. Wäre ich geblieben, gäbe es heute sicher nicht diesen Muster. Man trainierte zwar in der Südstadt, wirklich weiterhelfen konnte dir aber niemand. Und das ist zum Verrücktwerden, fast kontraproduktiv. Österreich hatte zwar immer gute Jugendliche, das heißt, die Grundschule ist nicht so schlecht. Der Sprung ins Herrentennis gelang aber nur jenen, die sich selbständig gemacht haben. Den Trainern fehlt es an Erfahrung, keiner weiß, wie es funktioniert. Ronnie ist die Ausnahme. Geld wird in die Jungen reingebuttert, die unterschreiben Ausbildungsverträge, es kommt aber praktisch nie vor, daß sie überhaupt einmal in die Lage kommen, die Kosten durchs gewonnene Preisgeld rückzuerstatten. Weil sie mit 16 gescheitert sind. Du darfst ihnen keinen Vorwurf machen. Schuld sind die Pädagogen, die Betreuer, jene Leute also, die für den Rahmen sorgen sollen. Man muß dafür sorgen, daß die Südstadt ein Leistungszentrum wird, das alle Stückeln spielt. Eine Anlaufstelle für Profis, aber nicht für Hobby-Tennisspieler, die auf Kosten des Bundes ihre Stunden runterklopfen.

Durch die Verpflichtung von Jonte Sjögren könnte sich etwas bewegen. Er trainiert Clemens Trimmel und Markus Hipfl, die beiden haben jetzt ideale Voraussetzungen. Es liegt an ihnen. Sie haben die Chance bekommen, Eigenverantwortung zu übernehmen.

Der ÖTV ist sicherlich bemüht, dem Verband fehlen allerdings ein professionelles Management und klare Richtlinien. An der Spitze müßte ein Mann wie Leo Wallner stehen, einer, der repräsentiert und Verbindungen zur Wirtschaft hat. Ein professioneller, hauptberuflicher Manager müßte alles organisieren, einer, der etwas vom Sport versteht, müßte die Leistungszentren koordinieren. Ich weiß, daß das Geld kostet. Aber die Investitionen könnten sich bezahlt machen.

Ich bin mit dem Verband durch den Daviscup verbunden. Man braucht sich nicht in den Sack lügen, dieser Bewerb ist ein Geschäft. Für den Verband, für die Spieler. Daß es für eine Seite manchmal keines gewesen ist, ist bedauerlich, dafür kann ich aber nichts. Und daß ich unter Präsident Rudolf Mader und Captain Günther Bresnik nicht zur Verfügung gestanden bin, war auch nicht meine Schuld. Sie wollten gar keinen Kontakt mit der Nummer eins des Landes herstellen.

Das Problem des Daviscups ist, daß professionelle Spieler auf der einen Seite und ehrenamtliche Funktionäre auf der anderen Seite stehen. Das verträgt sich überhaupt nicht. Einem Amateur verständlich zu machen, daß du als Profi diese bestimmte Summe verdienen willst oder mußt, ist mühsam. Du kannst ihm aber auch nicht vorwerfen, Mist gebaut zu haben, schließlich ist er ja nur ein Ehrenamtlicher, kann nicht zur Verantwortung gezogen werden. Die Lösung: Profis verhandeln mit Profis.

Die Spieler haben diese Situation natürlich ausgenützt, wir waren ja nur drei, Horst Skoff, Alex Antonitsch und ich. Jetzt ist Gilbert Schaller dazugekommen, dafür sind eineinhalb weggefallen. Für Alex und Horst war der Daviscup zuletzt sicher die Haupteinnahmequelle im Jahr, für mich waren es maximal zehn Prozent meines Umsatzes.

Der Streit als Programm

Streitereien sind vorprogrammiert. Ich behaupte wohl zu Recht, ich sei der Beste, die eindeutige Nummer eins, also steht mir ein größerer Anteil zu. Die anderen wiederum gehen her und sagen, ohne uns kann der Muster auch nicht gewinnen, also wollen wir genauso viel verdienen, es sind ja drei Punkte zum Sieg notwendig. Manager werden eingeschaltet, die sticheln zusätzlich, schalten Medien ein, die haben ihre Story. Es wird nach faulen oder auch nicht faulen Kompromissen gesucht, eine Zweckgemeinschaft bildet sich.

Die Auswüchse kennen wir, es wird munter geklagt. Zum Beispiel der Verband auf Verdienstentgang, Horst Skoff ist Garant dafür. Weil er nicht einberufen worden ist, nicht gespielt hat. Er fordert Geld für nichts. Gibt vor, Patriot zu sein, in Wahrheit gehts um die Kohle. Nicht um den Sport. Wenn ich, der Leistungen auf dem Platz gebracht hat, meinen Anteil verlangte, meinen Preis genannt habe, dann wurde laut aufgeschrien. Ich empfand das immer als Ungerechtigkeit.

Die ITF müßte ein allgemeingültiges Reglement und einen Aufteilungsschlüssel erstellen, dem man sich, sofern man bereit ist, Daviscup zu spielen, zu unterwerfen hat. Ohne Wenn und Aber. Die Teilnahme darf aber nie verpflichtend sein.

Seit Dezember 1993 bin ich Daviscup-Captain. Die anderen Spieler haben mich vorgeschlagen, ich habe angenommen, es war Teil des Kompromisses. In der Praxis führt Ronnie den Job aus, ich kann mich ja nicht stundenlang aufs Bankerl setzen.

Ob ich nach Beendigung meiner Karriere Captain sein werde, weiß ich nicht. Es hängt von vielen Umständen ab. Von den Leuten, die im Verband am Werk sind. Von meiner Lust und Laune. Von den Spielern. Und von deren Einstellung. Die drei sogenannten Musketiere wären nicht unbedingt mein Fall gewesen. Zu viele Wickel.

MENSCHENBILDER

Über Menschen, die mir nahe stehen – *Über meine Eltern – Über Ronnie – Über meine Gegner – Über Persönlichkeiten – Über Vorbilder – Und über Menschen, die mir gar nicht so nahe stehen*

INGE (46) UND HEINZ (53) MUSTER, Eltern

Sie haben hart gearbeitet, sind Risken eingegangen. Vermutlich haben sie bei der Bank sogar einen Kredit aufgenommen. Um mir die Tenniskarriere zu ermöglichen. Sie sind meine Lebensmenschen.

Meine Verwandten, die Tanten und Onkeln, hatten damals, als ich mich entschied, Tennisprofi zu werden, abgeraten. Anläßlich einer familiären Krisensitzung. Der Thomas müsse den konservativen Weg bestreiten, haben sie gesagt, Schule sei das Wichtigste, ohne g'scheite Ausbildung bekomme man keinen Job, werd's schon sehen, wohin das führt und blablabla. Meine Eltern haben mir letztendlich nichts in den Weg gelegt. Im Gegenteil. Natürlich hatten auch sie Ängste, niemals geglaubt, daß ich einmal mit Tennis mehr als ausreichend Geld verdienen würde. Aber sie haben ihre Sorgen für sich behalten. Ich mußte kein schlechtes Gewissen haben.

Sie haben sich nie eingemischt, mich nie zum Tennis gezwungen. Und gut gemeinte Ratschläge bekam ich auch nie zu hören. Gut gemeint ist bekanntlich das Gegenteil von gut. Dabei hatte mein Vater vom Sport durchaus eine Ahnung, er war ja im Bezirk ein anerkannter Fußballtrainer. Das einzige, das ihn angezipft hat, war mein zeitweiliges Sempern und Jammern. „Du hast dich dafür entschieden, also ziehe es durch."

Meine Mutter hat im Sportgeschäft in Leibnitz gearbeitet, daneben still und leise die Konzessionsprüfung fürs Gastgewerbe abgelegt und das Restaurant neben der Tennishalle gepachtet. Damit ich, sollte ich scheitern, versorgt bin, ein Auffangnetz habe. Vor ein paar Jahren, als feststand, daß ich es geschafft habe, hat sie die Pacht zurückgelegt. Und ist wieder ins Sportgeschäft zurückgekehrt.

Mein Vater war Vizeleutnant beim Bundesheer in Straß. In seinem Arbeitszimmer hat er ein Archiv angelegt, sammelt Zeitungsauschnitte und Fotos, pickt sie in Alben, zeichnet die Spiele auf Video auf, erledigt die Fanpost prompt und verläßlich. Ein Full-time-Job.

Von ihm habe ich wahrscheinlich die motorische Seite geerbt, von meiner Mutter die kämpferische. Sie hat immer die Probleme in der Familie gelöst, sich durchgesetzt, mein Vater war, wie viele Männer, relativ konfliktscheu. Dafür hatte und hat er einen guten Schmäh.

Letztendlich ist mir in meiner Kindheit nichts abgegangen. Okay, wir drei sahen uns, bedingt durch die Umstände, nicht allzu oft. Ich verbrachte viel Zeit bei Zieheltern, Bekannten, Freunden. Meine Mutter hat mich in der Früh hingebracht, am Abend abgeholt, Essen gekocht, niedergelegt. Als ich dann ernsthaft begann, Tennis zu spielen, zum Training nach Graz pendelte, war der Tag völlig verplant. Sie hat mir das Frühstück gemacht, ich in die Schule, mein Vater in die Kaserne, sie ins Geschäft. Zu Mittag ist sie kurz heimgekommen, hat mir das Essen hingestellt. Ich hab's runtergeschlungen, Schul- gegen Tennistasche getauscht, bin zum Bahnhof gelaufen, habe im Zug Aufgaben gemacht, ein paar Stunden Training, zurück nach Leibnitz, Essen, Rest der Hausübungen erledigen, ins Bett fallen.

Ich wurde zur Selbständigkeit erzogen. Nicht bewußt, es hat sich zwangsläufig so ergeben. Durch die Übersiedlung in die Südstadt, mußte ich als 15jähriger lernen, alleine zu leben. Die Abnabelung vom Elternhaus erfolgte frühzeitig.

Mag sein, daß sie darunter gelitten haben, schließlich bin ich das einzige Kind. Sie haben nicht viel von mir gehabt, auf gewisse Weise war ich ein schlechter Sohn. Heute sind sie stolz. Weil ich etwas Überdurchschnittliches erreicht habe. Wäre ich in Leibnitz geblieben, wäre ich heute vielleicht Elektriker oder Tischler, würde einen ganz normalen bürgerlichen Beruf ausüben. Und mit dem SV Leibnitz Mannschaftsmeisterschaften spielen. Vielleicht als Nummer eins. Durchaus ehrenhaft.

Meine Eltern haben nicht den Ehrgeiz, im Vordergrund zu stehen, berühmt zu sein. Ganz im Gegenteil. Das ist überhaupt eine ihrer positivsten Eigenschaften. Wir sind keine Tennisfamilie, keine Grafs, keine Sanchez. Mein Vater ist nach außen hin total gelassen, ab und zu besucht er ein Turnier, er sieht das wirklich cool. Meine Mutter ist sicherlich aufgeregter. Daheim vor dem Fernseher.

Es ist natürlich nicht einfach, einen berühmten Sohn zu haben, hat Vor- und Nachteile. Jeder schaut auf einen, jeder zeigt mit dem Finger, „Das sind ja die von dem", einige munkeln, „Mein Gott, müssen die im Geld schwimmen". Das prallt von ihnen ab, sie leben ihr Leben. Verdienen ihr Geld. Meines würden sie nicht anrühren.

Ab und zu mache ich ihnen Geschenke. Eine schöne Reise, die Mitgliedschaft im Golfclub, Dinge eben, die sie sich sonst nicht leisten würden. Sündteuren Schmuck würde meine Mutter nie wollen, ich weiß, daß ihr das Unbehagen bereiten würde. Oder ein Haus kaufen, absolut undenkbar. Sie fühlen sich wohl in ihrer Gemeindewohnung vis à vis vom Bahnhof, ausreichend Platz für zwei ist ja vorhanden, haben nette Nachbarn. „Nie wollen wir weg von da", sagen beide. „Was sollen wir mit einem Haus?" Laut meiner Mutter hat es auch rein praktische Gründe. „Sind wir ein paar Tage weg, kann ich mich darauf verlassen, daß meine Blumen gegossen werden."

Ich komme gerne auf Besuch. Wir treffen dann Freunde, grillen im Sommer, spielen Karten, reden miteinander, gehen Golf spielen, Fischen. Oder sitzen auch nur vorm Fernseher. Ich liebe ihre Normalität. Ihre zwanglose, stinknormale Normalität. Ein bisserl etwas davon habe ich geerbt. Auch wenn es mir keiner glaubt.

RONALD LEITGEB, Trainer und Freund

Ronnie ist der Mensch, der mich am besten kennt, mit dem ich die meiste Zeit verbringe. Umgekehrt ist es natürlich genauso, er sieht mich öfter als seine Frau, seinen Sohn. In unseren Anfangszeiten haben wir 300 Tage im Jahr auf 20 Quadratmetern zusammengelebt, wir konnten uns kein zweites Hotelzimmer leisten. Er hat mich praktisch als Kind übernommen, meine Pubertät, meine Mannwerdung bis hin zum gereiften Spieler beobachtet, erlebt und mitgestaltet.

Es ist möglich, daß er durch mich seine Träume verwirklicht hat. Ronnie war ja, schmeichelhaft ausgedrückt, nur ein mittelmäßiger Tennisspieler, studierte Medizin, arbeitete als Journalist. Er hat aber seinen Teil zum Traum beigetragen. Ronnie hat gelernt, beobachtet, Gespräche geführt, sich immer weitergebildet. Heute behaupte ich, daß er zu den besten Coaches der Welt zählt.

Ronnie hatte und hat viele Funktionen: Freund, Coach, Trainer und Manager. Seine Kunst ist, all dies auseinanderzuhalten, die richtige Rolle zum richtigen Zeitpunkt zu spielen. Als Trainer ist er gnadenlos, das muß er sein, ist auch seine Hauptaufgabe. Freund war er vor allem in der Zeit nach dem Unfall. Ohne ihn hätte ich es nie geschafft.

Seine Tätigkeit als Manager steht heute nicht mehr im Vordergrund, ich verwalte mein Geld selbst, er ist die ausführende Kraft, wird an meinen Einnahmen seit 1991 nicht mehr prozentuell beteiligt, sondern ganz normal bezahlt. Das heißt aber nicht, daß er mein Angestellter ist. Wir machen alles gemeinsam, wir planen alles gemeinsam, wir entscheiden alles gemeinsam.

Ronnies absolute Stärken sind Zielstrebigkeit, Geradlinigkeit, Kompromißlosigkeit. Und seine Mentalität, auch ein wenig, manchmal sogar sehr anzuecken. Das kann man zwar als Schwäche auslegen, ist aber letztendlich eine absolute Stärke. Denn er sagt den Leuten ganz trocken ins Gesicht, so ist es und nicht anders. Ab und zu, dies zu seinen Schwächen, ist er nicht sehr kritikfähig, rechthaberisch, leicht egoistisch und stur. Nachtragend war er allerdings nie.

Eine gewisse Loslösung ist logisch, ganz natürlich. Ich kann nicht sein einziges Standbein sein, das wäre zu riskant. Er hat seine eigene Firma, trainiert auch Andrea Gaudenzi, veranstaltet Turniere, hat Funktionen beim Tennisverband übernommen, ist vielseitig engagiert. Die Abhängigkeit von früher kann und soll es nicht mehr geben, jeder von uns beiden muß neben dem gemeinsamen auch eigene Wege gehen.

Ein Abnabelungsprozeß mußte sein, als 16jähriger denkst du anders als mit 28, hast noch keine eigenen Vorstellungen, läßt dir viel mehr gefallen. „Räum' deine Tennistasche weg, wie es im Zimmer schon wieder ausschaut, da fliegt man drüber." Und ich räumte sie weg. Aber irgendwann willst du sie stehen lassen. Es kommt dann zwangsläufig zu Konflikten, die vielen Kleinigkeiten machen es aus, man beschränkt sich früher oder später auf die Arbeit am Tennisplatz.

Unsere Beziehung ist rationaler, abgeklärter geworden, letztendlich ist ein blindes Vertrauen da. Jeder erfüllt seinen Job, fällt einer um, fallen beide um, jeder ist dem anderen verantwortlich.

Habe ich mit dem Tennis einmal aufgehört, wird unsere Freundschaft sicher intensiver werden. Weil wir uns einfach weniger sehen, uns deshalb mehr zu sagen, mehr zu erzählen haben. Es wird spannender. Im Moment verbringen wir praktisch jeden Tag gemeinsam, da gibt es wirklich nichts Neues, man hat jeden Witz schon 100 000 mal gehört, kennt jede Laune des anderen besser als die eigenen. Wie bei einem alten Ehepaar.

Ronnies Anteil an meinem Erfolg beträgt sicher 50 Prozent. Wir haben alles gemeinsam erreicht, ich bin nur die ausführende Person. Wir haben einander nichts vorzuwerfen, er hat mir viel zu verdanken. Und ich ihm. Ob ich es mit einem anderen Trainer auch so weit gebracht hätte, ist nicht beweisbar. 1991, als wir uns trennten, war ich für einige Monate uncoachbar. Will man nicht Tennis spielen, ist man um neun Kilo zu schwer, läßt man die Sau raus, kann der beste Trainer nichts ändern. Geschafft habe ich es aber dann wieder mit Ronnie. Weil ich wieder wollte. Oder er wollte, daß ich wieder wollte. Egal. Es war und ist jedenfalls gut so.

HORST SKOFF, (Ex-)Tennisspieler

Horst ist in einer schwierigen Position. Er kündigt in regelmäßigen Abständen an durchzustarten, es allen zu zeigen. Wieder einmal. Auch dem Muster. In Wahrheit ist er in der Weltrangliste aus den ersten 300 rausgefallen. Und raufzukommen ist verdammt hart. Und wird immer härter. Ob er überhaupt noch Lust auf Tennis hat, kann ich nicht beurteilen, das steht mir auch nicht zu.

Ich kenne Horst schon seit 13 Jahren, seit unserer gemeinsamen Zeit in der Südstadt. Im Internat war er ein Problemkind, hatte allerdings den Vorteil, der Jüngste, der Benjamin gewesen zu sein. Jeder Blödsinn wurde ihm verziehen. „Er ist ja noch so klein", „Laßt's ihn in Ruh" und, und, und. Schuld waren immer die anderen.

Er war nicht unwitzig, hatte die gewisse Bauernschläue. Seine verbalen Frechheiten wurden geduldet, die Älteren haben ihn beschützt, schwarze Schafe werden gepflegt und gehegt.

Seine Vorhand war wirklich gut, er hat auf jeden Ball voll draufgehaut, die meisten auch getroffen. Horst war ehrgeizig, sicher ein Talent. Nur wird die Vergangenheit verklärt. So hochbegabt war er wiederum auch nicht, er mußte arbeiten, lediglich seine Vorhand war ein Naturschlag. Daß er mehr Gefühl als ich hatte, stimmt meiner Meinung nach nicht. Sein Aufschlag war nie besonders gut, der Volley ist angelernt, seine Rückhand war nie wirklich vorhanden, der Slice ist ebenfalls antrainiert. Und im heutigen Tennis reicht es nicht mehr, alles auf die Vorhand aufzubauen.

Wir sind getrennte Wege gegangen. Beide zwar weg vom

Verband, das war aber auch schon die einzige Gemeinsamkeit. Horst Skoff hat sich immer angehängt. Ich wurde besser, er hat abgewartet, zugeschaut, und es auch probiert. Egal was ich unternommen habe, er hat es in irgendeiner Form kopiert.

Er war immer einen oder auch zwei Schritte hinter mir. Aber er hatte sicherlich Erfolge. Und auf einmal waren zwei österreichische Tennisspieler da, es gab zwei Lager, die Medien haben polarisiert, wir haben das Spiel leider mitgemacht. Die einen haben ihn gemocht, die anderen mich. Oder beide keinen. Horst hat sich gut verkauft, auf den Mund gefallen war er ja nie, er ist beim Publikum eine Zeitlang angekommen. Ein Teeniestar, ein kleiner Rebell, das „Sex, Drugs & Rock 'n' Roll"-Image pflegte er ordentlich. Besser ein schlechtes als gar keines. Und noch dazu gab er sich als Patriot, das zieht immer.

In den Klatschspalten wurde regelmäßig über ihn berichtet, alle guten Typen kommen dort vor. Mir waren die Sportseiten immer lieber. Aber das ist wohl Ansichtssache.

Horst hat nie Kritik an seiner Person akzeptiert, konnte sich nicht anpassen. Die dauernden Trainerwechsel sind kein Zufall. Widerspruch, auch wenn er noch so berechtigt war, duldete er kaum. Wer nicht spurte, den hat er rausgehaut, von dem hat er sich getrennt.

Mir sind die permanenten Auseinandersetzungen, das Hickhack, fürchterlich auf die Nerven gegangen. Mich hat gewurmt, daß er sich immer wieder auf die gleiche Stufe gestellt hat, obwohl er von den Resultaten und Leistungen her weit schlechter war.

Heute bedaure ich ihn. Als Mensch. Als Tennisspieler. Gehaßt habe ich ihn nie. Und wenn er mir jetzt in diversen Zeitungen zu meinen Erfolgen gratuliert, so als hätte er immer schon gewußt, daß ich einmal die French Open gewinne, dann denke ich mir meinen Teil. Er tut's aus Eigenpromotion, möchte sich wieder einmal anhängen, partizipieren.

Wahrscheinlich hätte er mehr erreichen können. Diese Frage wird sich für ihn vielleicht in zehn, fünfzehn Jahren stellen. Möglicherweise wird er dann draufkommen, daß es nicht schlau von ihm gewesen ist, Streitereien zu schüren, sich nicht frühzeitig eingestanden zu haben, in Österreich Nummer zwei zu sein. Diese Cleverness hatte er nicht. Trotz seiner Bauernschläue. Mag sein, daß er von seinem Umfeld schlecht beraten wurde. Letztendlich ist er an seinen Disziplinlosigkeiten zerbrochen. Aber eigentlich hat mich das gar nicht zu interessieren.

ALEXANDER ANTONITSCH, ehemaliger Zimmerkollege

Alex war immer das Fähnchen im Wind, wollte jedermanns Darling sein. Er hat sich auf die für ihn günstigere Seite geschlagen, seine Vorteile gesucht. Er war nie ein Freund von Skoff, das weiß ich aus unseren Gesprächen, hat sich aber trotzdem arrangiert. Damals im Daviscup, als Günther Bresnik Captain war und ich nicht gespielt habe. Aus einem simplen Grund: Der Daviscup war Alex' Haupteinnahmequelle.

Wir haben in der Südstadt ein Zimmer geteilt. Er war viel größer, extrovertierter, wortgewandter als die anderen im Internat. Er konnte dich verbal bloßstellen, sogar verletzen. Ich war als Jugendlicher unsicher, sensibel, schüchtern, das ideale Opfer.

Aber Alex ist mir immer näher als der Horst gestanden. Wir waren gemeinsam beim Bundesheer, hatten unsere Hetz, führten ganz normale Gespräche. Und auch daß er meine Ex-Freundin geheiratet hat, war kein Problem, es war ja längst Schluß.

Er konnte sich immer gut verkaufen. Und ist im Sog mitgeschwommen, hat sich ebenfalls angehängt. Obwohl er ja meist nur Doppel gespielt hat. Aber er hat das eingesehen, nie behauptet, „viel besser als der Muster" zu sein. Er wußte, daß er profitieren kann, war clever genug, das durchzuziehen, am Boom kräftig teilzuhaben.

Auch Alex hätte mehr erreichen können. Nur hat er das Vagabundenleben nicht durchgestanden, ihm fehlte die

Konsequenz. Er war zu heimatbezogen, hatte auch andere Interessen, wollte das Leben genießen. Talentiert war er. Aber kein Sandplatzspezialist, kein Grundlinienspieler, also mußte er weiter reisen. Nach Amerika, nach Asien, um seine Stärke, das Vollieren einzusetzen. Europa war nichts für ihn. Zu viel Sand. Die absolute Härte, den notwendigen Weg zu gehen, hat ihm gefehlt. Er wollte nicht monatelang unterwegs sein.

Ob er hadert, sich selbst vorwirft, daß eigentlich mehr drinnen gewesen wäre, weiß ich nicht. Ob er mir meine Erfolge neidig ist, weiß ich noch weniger. Mag sein, daß er sich mit dem Erreichten zufrieden gibt. Vielleicht ist er tatsächlich ein glücklicher Mensch. In sein Unterbewußtsein kann ich nicht reinschauen.

GILBERT SCHALLER, Aufsteiger

So richtig realisiert habe ich ihn erst in den beiden vergangenen Jahren. Ein Spätstarter, der vom Spitzentennis schon meilenweit entfernt war. Und noch einmal den Mut aufgebracht hat, es zu versuchen. Das verdient Respekt.

Seine gute Weltranglistenplazierung spricht nicht gegen das Tennis, sondern für Schaller. Er hat ganz unten angefangen, sich mit Konsequenz hochgearbeitet. Allein dieser Bereitschaft wegen gebührt ihm Respekt. Er ist Realist, gesteht sich ein, daß sein Spiel limitiert ist. Er ist ein Kritiker seiner selbst. Und sagt es in der Öffentlichkeit. „Mein Aufschlag ist schlecht." „Meine Volleys sind schlecht." „Das muß sich ändern."

Er gibt sich nie von vornherein geschlagen, ist mental stark, kann seine Stärken hundertprozentig ausspielen. Schaller ärgert Topleute. Zumindest auf Sand. Er ärgert sie nicht nur, er schlägt sie auch. Den Sampras, den Stich, den Bruguera, den Kafelnikov. Um unter die ersten zehn zu kommen, müßte er aber Turniere gewinnen. Das ist keine Kritik an seinem Spiel. Ob es attraktiv ist oder nicht, ist völlig sekundär. Schilli ist sicher kein Centre Court Typ, er quält seine Gegner meist auf Nebenplätzen. Ein absolut ehrlicher Sportler. Und ein Beispiel, daß Tennis bis zu einem gewissen Grad erlernbar ist. Wenn man es ernst meint.

ANDRE AGASSI, Showstar

Andre Agassi ist der Prototyp eines Amerikaner, eines amerikanischen Showstars. Er unternimmt alles, um sich selbst zu promoten, den Sponsoren das letzte Hemd auszuziehen. Er geht aufs Publikum zu, das gefällt, deshalb lieben sie ihn.

Er hat zwei Gesichter. In Wahrheit ist er introvertiert, freundlich, immer höflich, ich mag ihn gern, noch lieber spiele ich gegen ihn. Der Kontakt beschränkt sich freilich auf reinen Small talk, „Wie gehts?" und „Hallo, lange nicht gesehen". Er hält sich kaum in der Öffentlichkeit auf, das ist irgendwie logisch, sie würden ihn niederrennen. Er sperrt sich bei Turnieren im Hotel ein, zieht sich Videos rein, läßt sich das Essen aufs Zimmer servieren. Und es sind nicht immer nur Hamburger.

Wird es offiziell, spielt er Tennis oder gibt eine Pressekonferenz, da taut er auf, zieht seine Show ab. Professionell und glaubwürdig. Es wirkt nicht peinlich, da er ja ein großartiger Sportler ist. Die Kombination paßt. So lange er gut Tennis spielt und Nummer eins ist, kann er gar kein schlechter Clown sein. Er kann unheimlich hart zu sich sein, weiß ganz genau, daß Talent, und davon hat er ausreichend, allein nicht reicht.

Er ist ein PR-Genie, ich glaube, sein Ausstatter Nike drängt ihm die Verträge richtiggehend auf, die erhöhen freiwillig und gerne. Agassi verdient in einem Jahr mehr, als ich bisher in meiner gesamten Karriere. Über mein Einkommen würde er lachen. Falls überhaupt.

Der Kult um seine Person ist natürlich verrückt. Ich bin überaus happy, daß bei mir niemand ohnmächtig wird und kreischt, nachdem ich beim Friseur war. Nicht meine Welt. Groupies verstehe ich überhaupt nicht.

Agassi spielt da mit. Inwieweit ihm das Theater am Herzen liegt, inwieweit es seinem Ego hilft, inwieweit es ihm einmal abgehen wird, kann ich schwer einschätzen. Er hat mit dem Theater begonnen und setzt es konsequent fort. Verneigt sich vor dem Publikum, schmeißt verschwitzte T-Shirts rein, redet stundenlang über seine rasierten Brusthaare, erklärt weshalb Freundin Brooke Shields da/nicht da ist. Würde ich mir ein Ohrringerl stechen lassen, würde ich mit so einem Piratenhut daherkommen, würde ich Leiberln werfen, würden alle sagen: Der Muster spinnt, jetzt dreht er durch. Bei Agassi ist es geil, das Kompliment kann er haben. Ich bin halt die Maschine, jeder wird schubladisiert.

Agassi paßt ins Medienzeitalter. Er lebt in diesem und von diesem. Und er, der Bälle so früh wie kein anderer erahnen kann, schafft es immer, aus Nöten Tugenden zu machen. Daß ihm seine langen Haare ausgefallen sind und die ganze Welt gerätselt hat, was er unterm Kapperl verbirgt, hat ihn schon getroffen. Er wurde offensiv, ließ sich den spärlichen Rest der Federn abrasieren. Glatzen sind nämlich unheimlich geil. Zumindest seit Andre Agassi.

JIM COURIER, Spiegelbild

Jim Courier hat sich abgenabelt, als er Nummer eins war, war sehr mit sich selbst beschäftigt. Ich hatte, abgesehen von den ganz normalen Höflichkeitsfloskeln vor und nach unseren Partien, nie Kontakt mit ihm. Er hat in seinen besten Tagen alle in Grund und Boden gespielt. Mich eingeschlossen. Seine besten Tage dauerten fast zwei Jahre. Ich bin vom Stil her sein Spiegelbild, seine Stärken sind auch meine.

Jim mußte hart arbeiten, sehr viel psychische und physische Kraft investieren, um ganz nach oben zu kommen. Ein Burn-out-Effekt war die logische Folge dieser fast übermenschlichen Anstrengungen. Er konnte sich, nachdem er alle regelmäßig verprügelt hatte, nicht mehr motivieren.

Um mit seiner – oder auch meiner – Spielweise erfolgreich zu sein, muß man absolut fit sein, die Beinarbeit muß stimmen, die Konzentration, das Engagement. Fehlen dir nur fünf Prozent, rutschst du ab, bist auf einmal 15. oder 20. Jim ist während seiner Sinnkrise freier, lockerer, offener geworden, las während der Seitenwechsel demonstrativ in Büchern, hat für sich wohl beschlossen, daß es ein Leben neben dem Tennis gibt. Er war ja nie von der absoluten Weltspitze weit entfernt, könnte auch wieder zurückkommen, ausreichend Talent hat er, relativ jung ist er. Ungewiß ist, ob sein Tennis dem heutigen Standard noch hundertprozentig entspricht. Und ob er die Bereitschaft aufbringt, das Leben neben dem Tennis zu streichen.

BORIS BECKER, Diva

Boris ist ein Mann des Volkes. Er war der jüngste Wimbledonsieger, verkörpert den Durchschnittsdeutschen. Deshalb mögen sie ihn, deshalb darf er tun und lassen, was er will, deshalb wird ihm, im Gegensatz zum intelektuelleren Michael Stich, alles verziehen. Er darf sich 1 000mal widersprechen, sein Aussehen verändern, ganz egal.

Becker hat ein riesiges Umfeld, ist ein Leithammel, seine Umgebung paßt sich total an, spielt die Rollen, die sie zu spielen hat. Die Personen sind beliebig.

Wenn man bereits als 17jähriger Wimbledon gewinnt, steht man natürlich unter Druck. Im Prinzip dürfte er dem standgehalten haben, Boris hat seinen Erfolg immer wieder bestätigt, ist nie deutlich zurückgefallen. Er ist einer der größten Tennisspieler der Jetztzeit, das steht außer Zweifel. Er war einmal die Nummer eins, das dürfte ihm gereicht haben. Denn vom Talent her müßte er permanent zumindest Top drei sein.

Der Rummel um seine Person ist gigantisch, erreicht Agassi-Dimensionen. Becker muß mit der deutschen Boulevardpresse auskommen. Er jammert einerseits darüber, andererseits spielt er mit, verkauft die Geburt seines Kindes, tut so, als ob er der einzige Vater dieser Welt ist. Becker ist widersprüchlich.

Zu seiner Verteidigung: Wenn du gerade 16, 17 oder 18 bist, in einem Alter also, in dem andere zum ersten Mal in die Disco gehen, du aber über Dinge wie Politik, Gott, Weltanschauungen ausgefragt wirst, dann sind unsinnige Antworten logisch. Man ändert ja seine Ansichten, wird reifer, sieht die Dinge anders, differenzierter. Trotzdem muß ein Wimbledonsieger davon ausgehen, daß alles, was er sagt, eine gewisse Wichtigkeit hat.

Boris ist ein schlechter Verlierer, auch kein Vorwurf, das liegt im Naturell eines Stars, Niederlagen sind für ihn eben ungewohnt. Ich nehme ihm auch nicht übel, daß er heuer in Monte Carlo nach dem Finale erklärt hat, der Muster sei ein Schauspieler. Er war eben frustriert. Ich erinnere mich gut an ein Gespräch vor etlichen Jahren, ich hatte etwas völlig Unwesentliches über Becker gesagt, worauf er mich zur Rede gestellt hat. „Du mußt davon ausgehen, daß deine Worte ein gewisses Gewicht haben. Überlege dir gut, was du sagst."

Und in Monte Carlo machte er dann zweideutige Andeutungen, mit dem Muster stimme etwas nicht, sehr merkwürdig. Das Wort Doping hatte er zwar nicht erwähnt, zwischen den Zeilen konnte ich es aber lesen. Jeder konnte das. Er hat sich dieser Diskussion nie gestellt, alles abgestritten.

Becker hat etwas Divahaftes. Er geht nicht, er schreitet. Er kommt nicht, er erscheint. „Jetzt bin ich da." Eine Mischung aus Arroganz, Überheblichkeit, aber auch Unsicherheit. Er tauscht Personen aus, für ein paar Monate ist der Trainer der allerbeste, dann wiederum der, es folgt ein dritter, vierter, fünfter. Letztendlich entscheidet er selbst, es liegt an ihm, wie gut, wie schlecht er spielt. Man kann ihn kurzfristig pushen, motivieren, über die Emotion packen. Kritik scheint er nicht zu vertragen.

MICHAEL STICH, Zweiter

Stich spricht andere Schichten als Becker an. Nicht das Fußballpublikum, nicht die Masse, eher die Minderheit. Deshalb ist er in Deutschland immer nur Zweiter.

Seine Rolle, mit jener von Skoff in Österreich zu vergleichen, ist absurd, Stich ist ja erfolgreich, war sogar Wimbledonsieger. Es gab Zeiten, da konnte ihm Becker das Wasser nicht reichen. Auf dem Tennisplatz. Der deutsche Markt ist mit unserem nicht zu vergleichen, dort geht es um zweistellige Millionensummen in Mark, in Österreich um einstellige in Schilling. Die Streitereien im Daviscup sind programmiert, Stich hat aus meiner Sicht das Recht, gleichgestellt zu sein.

Michael ist sozial engagiert, hat eine Stiftung gegründet, Becker sitzt lieber bei Bayern München auf der Tribüne, das kommt besser an. Im Unterbewußtsein trifft ihn das wohl.

Ich habe mit Stich eine gute Gesprächsbasis, würde mit ihm jederzeit auf ein Bier gehen. Man kann sich normal unterhalten, er lebt ein geregeltes Leben, hat keine Allüren, ist immer auf dem Boden geblieben. Tennis ist für ihn ein Beruf wie jeder andere auch.

Stich respektiert die Leistung des Gegners. Unser gemeinsames Schlüsselerlebnis war sicher der Daviscup in Unterpremstätten, die Marathonpartie, das 12:10 im fünften Satz. Er war unheimlich fair in der Niederlage. Heute lachen wir darüber.

PETE SAMPRAS, Farbfleck

Für mich ist Sampras gegenwärtig der beste Tennisspieler. Sein Image, farblos, beinahe fad zu sein, resultiert aus seiner Überlegenheit, seiner Perfektion. Es sah so simpel aus, war zu rund. Fehlerlos. Wer zu dominant, nahezu unverwundbar ist, es nicht nötig hat, Emotionen zu zeigen, wirkt eben langweilig.

Das hat sich geändert. Heuer bei den Australian Open. Als er nach dem Sieg über Jim Courier öffentlich heulte. In der Pressekonferenz hat er dann erklärt, die Gefühle seien mit ihm durchgegangen, die Krebserkrankung seines Trainers Tim Gullikson habe ihn zu sehr beschäftigt, er leide mit ihm. Und für die Leute ist er auf einmal menschlich, verletzbar gewesen. Einer wie du und ich.

Und auch sein Tennis ist zwar nach wie vor nahezu perfekt, aber das „nahezu" ist der Unterschied. Sampras ärgert sich über dumme Fehler, der Zuschauer kann sich gemütlich zurücklehnen, quasi auf eine Stufe stellen. „Schau, dem geht's wie mir. So einen Volley habe ich unlängst auch verhaut."

Um anerkannt, populär, beliebt zu sein, mußt du unten sein. Ein Star soll leiden. Zumindest eine Zeitlang. Bei Sampras liegt die Grenze ohnedies sehr hoch, schon das Scheitern im Viertelfinale eines Grand Slam-Turniers gilt als Krisensyndrom.

Er ist absolut unaufdringlich, macht keine Mätzchen, verlangt keine Extrawürste, ist nicht unangenehm distanziert. Sampras kann mit den kleinen Dingen leben, meckert nicht herum. Er ißt, was auf den Teller kommt.

STEFAN EDBERG, Evergreen

Stefan würde ich neben Ivan Lendl als den besten Tennisspieler der vergangenen, zehn, zwölf Jahre einstufen. Er war zehn Jahre lang permanent unter den Top ten, ich habe nie gegen ihn gewonnen. Ein Ästhet, komplett, auf allen Belägen erfolgreich. Auch im Doppel. Zweimal Wimbledon, zweimal US Open, zweimal Australien, in Paris stand er immerhin im Finale. Er hat weit mehr als beispielsweise Becker gewonnen, nur ist er nie so in Erscheinung getreten.

Stefan ist ein einfacher Kerl, diszipliniert, ruhig, korrekt, verläßlich. Sein Umfeld war ebenfalls immer leise. Er füllte nie Klatschspalten, konzentrierte sich aufs Tennis. In dieser Beziehung sind wir uns ähnlich.

Er hat die schwedische Schule durchgemacht, ist heimat-
verbunden. Nicht daß es im Daviscup keine Wickel gegeben hätte, sie wurden aber stets intern diskutiert, nach
außen hin präsentierte man sich stets professionell, als Einheit. Er spielte für Schweden tatsächlich um die Ehre, weniger um Geld, die teilen durch vier. Unabhängig davon,
wer zum Einsatz kommt. Aber die haben leicht lachen,
können aus dem vollen schöpfen, haben genügend Alter-
nativen. Notfalls für zwei Daviscupteams.

SERGI BRUGUERA, Lieblingsgegner

Ich habe mich mit dem Phänomen Bruguera auseinandergesetzt. Warum, so die Frage an mich selbst, warum gewinnt ausgerechnet er zweimal hintereinander die French
Open? Obwohl ich ihn regelmäßig putze. Irgend etwas
mußte er gegen andere besser machen. Vielleicht ist es an
seiner Konsequenz gelegen, an seiner Lockerheit, an seinem Talent, den richtigen Ball im richtigen Moment zu
spielen.

Bruguera ist immer wieder eine neue Herausforderung,
unsere regelmäßigen Treffen auf Sandplätzen sind stets
spannend, es geht um Punkte, ums Geld, ums Prestige. Er
muß aktiv werden, sich etwas Neues einfallen lassen. Das
Alte hat ja selten gereicht. Und ich reagiere. Ob er an einem Muster-Trauma leidet, weiß ich nicht, ich weiß nur,
daß es Zeiten geben wird, in denen er die Nase vorne hat.
Aus rein biologischen Gründen, er ist um vier Jahre jünger,
unverbrauchter.

Wir sprechen kaum miteinander. Das ist im Tenniszirkus
üblich, gerade unter Spielern, die unmittelbare Konkurrenten sind, die einen ähnlichen Turnierplan haben. In erster
Linie sind wir Rivalen, du darfst dem anderen nichts ver-
raten. Bist du etwa leicht angeschlagen, mußt du so tun,
als ob du pumperlg'sund wärst.

Sergi ist ein bisserl farblos, spielt sein Spiel, gewinnt
zweimal Paris. Fast unbemerkt. Aber darüber muß ich mir

jetzt nicht mehr den Kopf zerbrechen. Seit dem 11. Juni 1995.

IVAN LENDL, Denkmal

Ivan hat immer ehrlichen Sport geboten, all das, was er in seinem Leben erreicht hat, war erarbeitet, ist kein Zufall gewesen. Als Tennisspieler und als Geschäftsmann. Ivan hat experimentiert, war in vielen Dingen Vorreiter, erkannte Entwicklungen frühzeitig. Stellte als erster die Ernährung um, erdachte ein spezielles Fitnessprogramm.

Er hat immer meinen Weg respektiert, mir das Gefühl vermittelt, auch ich könne es schaffen. „Vieles", hat er gesagt, „vieles ist erlernbar."

Ich hatte mit ihm mehrere Erlebnisse. In Paris, als ich noch bei den Junioren spielte, durfte ich mit Ivan trainieren. Es war faszinierend. Er war faszinierend. Seine Einstellung. Seine Aura. Seine Professionalität.

Das Comeback im Dusika-Stadion. Es war für ihn klar zur Verfügung zu stehen, mir behilflich zu sein. Ebenso klar war, daß er gewann. Er macht keine Geschenke. Auch nicht bei Exhibitions. Beruf war für ihn Arbeit, ernsthafte Arbeit, der Sieg das Ziel. Ich konnte gegen ihn nur ein einziges Mal gewinnen, 1994 in Madrid, am Ende seiner Karriere, als ihn Rückenschmerzen plagten. Mir gelang es nie, mein bestes Tennis zu zeigen, wahrscheinlich hatte ich zu großen Respekt. Vis-à-vis stand eben ein Denkmal.

Ivan hatte das Image des Schrecklichen, des Unnahbaren, des Unsympathischen. In Wahrheit war er ein witziger, cooler Typ, wurde verkannt. Erst im Alter wurde ihm vom Publikum der Respekt erwiesen, der ihm von Anfang an gebührt hätte. Die Fans litten bei seinen vergeblichen Versuchen, Wimbledon doch noch zu gewinnen, mit. Schlußendlich liebten sie ihn sogar. Deswegen.

Vorhand

verewigt

GENERALI-CENTER · GENERALI-CENTER

STRASSE DER SIEGER
GRAND-SLAM- UND MEHRFACHER
GRAND-PRIX-SIEGER IM HERREINZEL

Thomas Muster

THOMAS MUSTER

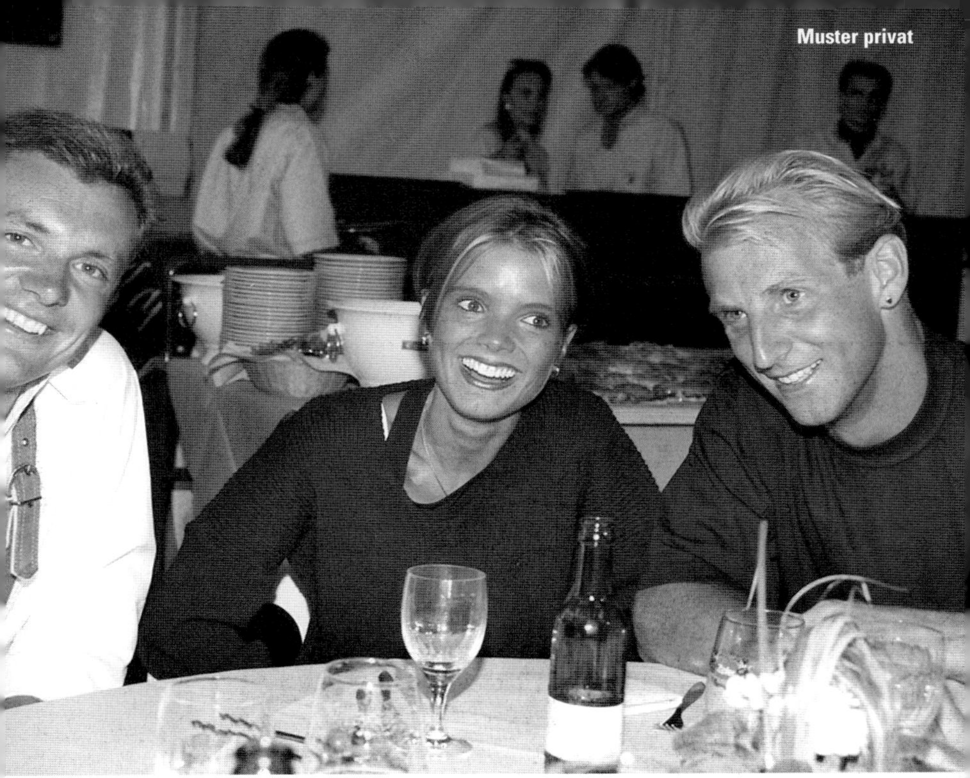

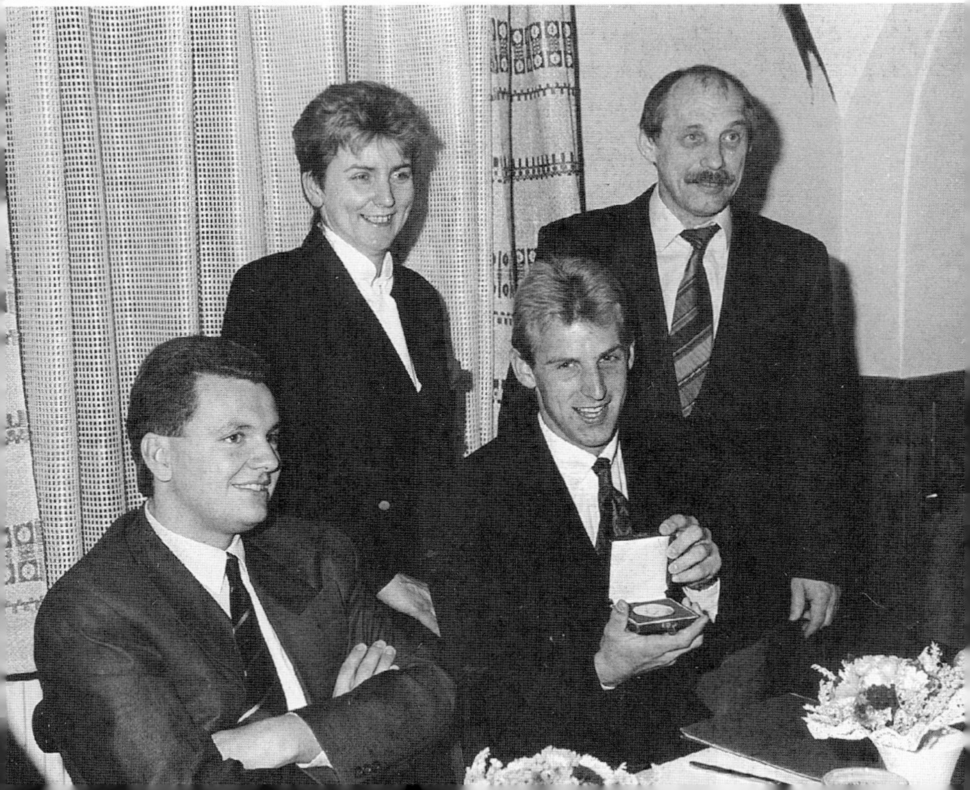

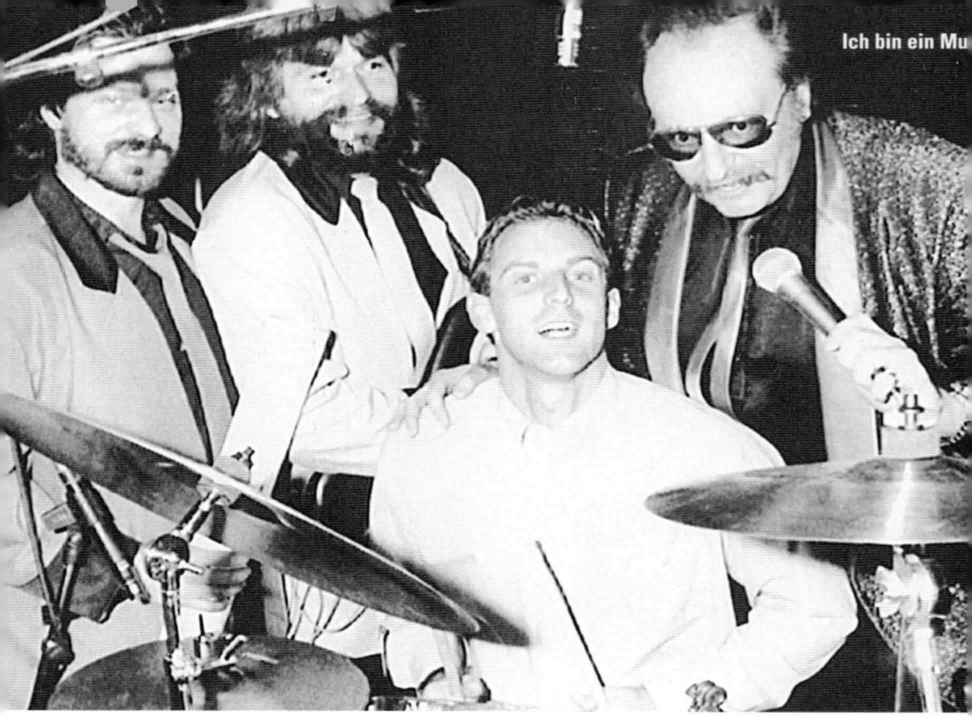

Ich bin ein Mu

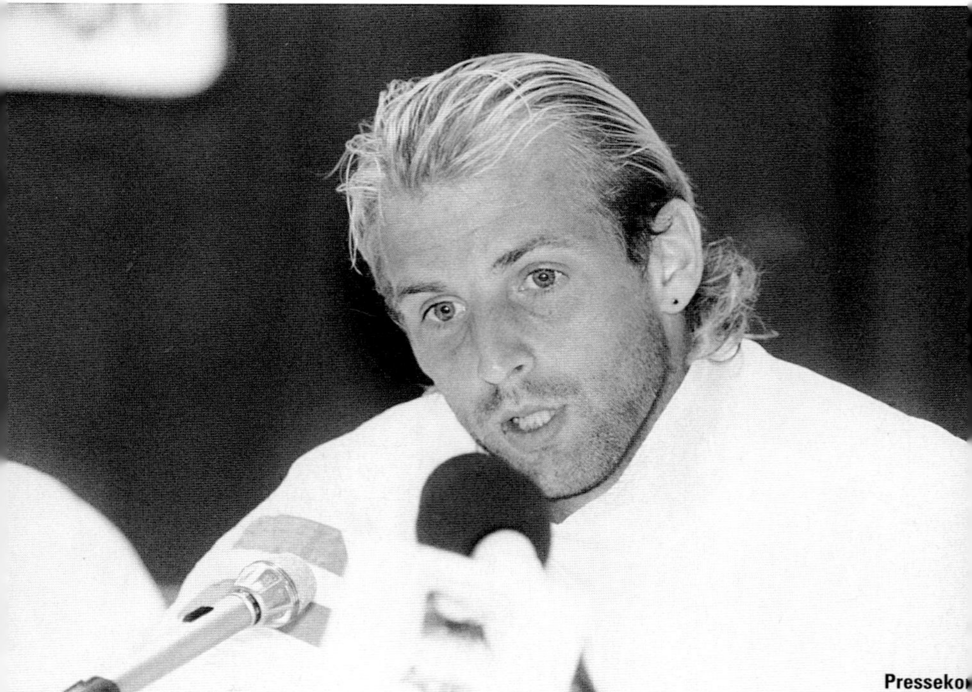

Pressekor

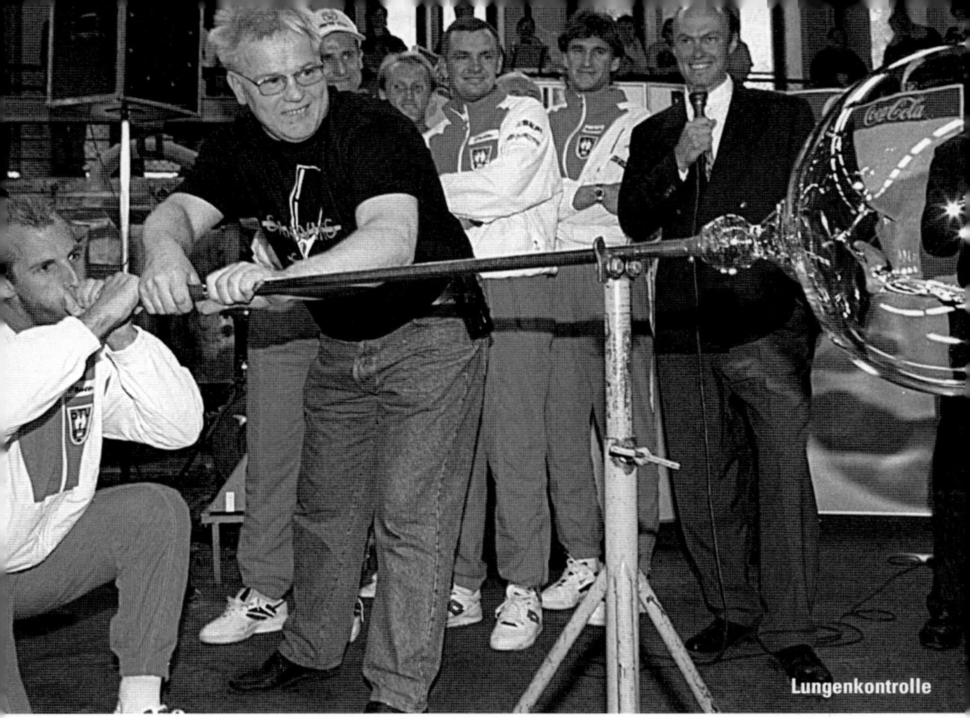

Lungenkontrolle

Fanbetreuung

Mit Fernsehkommentator
John McEnroe

Gegenspieler
Michael Stich

Gegenspieler
Michael Chang

Maßgeschneidert für Niki Lauda

Kleider machen Leute

Nach dem Aufschlag

Rückhand

In Erwartung des Balles

Vor dem Volley

Wie hört das auf?
Wie wird das weitergehen?

WOJTEK FIBAK, Fürsprecher

Wojtek war der Mensch, der Ronnie und mich zusammengebracht hat. Es war seine Idee. Damals. 1984 in Kitzbühel. „Dieser junge Bursch", sagte er zu Ronnie und meinte mich, „der wird in den nächsten zehn Jahren die Nummer eins in Österreich sein. Nimm ihn dir, manage ihn." Von Nummer drei der Welt war freilich nicht die Rede. Ronnie hatte keine Ahnung. „Wie soll ich das machen? Ich habe keine Ahnung!" Wojtek: „Kämpft euch durch."

Und er versprach, uns zu unterstützen. „Wenn Not am Schilling ist, strecke ich euch Geld vor. Daran soll es nicht scheitern." Wojtek vermittelte das Training mit Ivan Lendl, er war sein Manager. Die beiden wurden unsere Vorbilder.

Mit Wojtek pflegen wir heute noch regelmäßigen Kontakt, das Nahverhältnis ist geblieben. Und beim Finale der French Open saß er in der Loge. Neben Ronnie. Dieser Platz war für einen Freund reserviert gewesen.

JIMMY CONNORS, Beinahe-Trainer

Jimmy ist eine Legende, hat 109 Turniere gewonnen, das erste 1972, da war ich gerade fünf Jahre alt. Connors zelebrierte seinen Abschied jahrelang, der Schmäh vom alten Mann kam gut an, er mobilisierte bis zuletzt die Massen. Aus einem Ungustl, der in seinen besten Zeiten bei den Spielern und auch bei Teilen des Publikums unbeliebt war, ist doch noch ein Held geworden. Vorbild war er für mich nie.

1991, als ich mich von Ronnie getrennt und wieder einmal angekündigt hatte aufzuhören, hab ich ihn gefragt, ob er mich nicht trainieren könne. Er bekundete zunächst Interesse. „Why not?" meinte er, schließlich könne er selbst nicht ewig spielen, das Kreuz kann es vor allem nicht. Also „why not", eine Zusammenarbeit zur Vorbereitung auf die größeren Turniere sei durchaus möglich. Unmöglich wurde es, da er bei den Grand Slams fürs amerikanische Fernsehen kommentieren mußte. Außerdem konnte das Kreuz doch noch.

Über das Finanzielle mußte nicht einmal verhandelt werden, die wöchentliche Gage hätte sich vermutlich auf 10 000 Dollar plus Spesen belaufen. Es hat nicht sein sollen. Vielleicht war es ein Wink des Schicksals.

JOHN McENROE, Unikum

John McEnroe ist, seit er aufgehört hat und fürs Fernsehen arbeitet, ein wirklich netter Kerl geworden. Er kommt in den Umkleideraum, grüßt freundlich, erkundigt sich nach dem werten Befinden, sucht förmlich den Kontakt, gibt sich relaxed, vielleicht ist er es tatsächlich.

Als Aktiver war er in erster Linie Ungustl und Egoist, hat geschimpft, geflucht, dich beleidigt. Ein absolutes Unikum.

Sehr oft bin ich ihm nicht begegnet, Jahre, die Biologie, trennen eben. Einmal haben wir in Antwerpen gegeneinander gespielt, am Anfang meiner Karriere. Es war noch eine Exhibition, kein offizielles Turnier, jedenfalls das Viertelfinale. Im Fernsehen wurde von einer „Sternstunde des österreichischen Tennis" gesprochen, der kleine Muster gegen den allergrößten McEnroe. So als würde in den nächsten 15 Jahren nichts mehr passieren. Ich verlor übrigens. Das Allergrößte war es keinesfalls.

Heuer vor den French Open erklärte McEnroe, ich sei nicht der Typ, der ein so großes Turnier gewinnen könne, das sei praktisch unvorstellbar. Was ihn zu dieser Aussage bewegt hat, weiß ich nicht, als er dann das Finale kommentierte, favorisierte er mich. „Klar, daß Muster gegen Chang gewinnt", meinte er. Als es 2:0 in Sätzen stand.

WIE HÖRT DAS AUF
WIE WIRD DAS WEITERGEHEN

*D*IE *L*ETZTEN *Z*IELE *– Szenario eines möglichen Abschieds –*
Das Ende der Karriere – Die Bilanz – Das Leben nach
dem Tennis

Alles ist möglich

Es gilt, im letzten Viertel meiner Karriere zu beweisen, daß
es noch andere Ziele als die French Open, andere Aufträge
gibt. Es geht aber nur mehr um mich, um meine innere
Zufriedenheit. Ich bin oder war Nummer drei, also kann
ich auch Nummer zwei werden. Es ist alles drinnen. Ich
muß besser werden, nur das ist entscheidend. In der Halle,
auf Hartplätzen. Und vorwärts streben. Ich glaube, ich
kann die Kraft aufbringen. Garantie hast du freilich keine,
du bist abhängig von vielen Faktoren. Mein Bestes könnte
zuwenig sein. Das Problem ist mein körperlicher Zustand,
mein Alter, die rasche Weiterentwicklung im Tennis, Andre
Agassi und Pete Sampras sind eben um Jahre jünger, um
Jahre unverbrauchter.

Ich möchte noch Dinge tun, die ich nicht für möglich
gehalten habe. Warum nicht Wimbledon erfolgreich spielen? Mit einer vernünftigen Vorbereitung. Zwei, drei oder
vier Runden könnte ich auch dort gewinnen. Das wäre ein
Ziel. Die Verbissenheit beschränkt sich nur mehr aufs Spiel
selbst, auf die einzelnen Ballwechsel. Durch meine Siege
macht mir mein Beruf noch viel mehr Spaß, wirtschaftlich
ist alles okay, ich kann mir im Tennis weitere Ziele
stecken.

Egal, was ich danach tue, es wird schwierig werden,
wieder so gut zu sein. Es ist nicht anzunehmen, daß ich der

drittbeste Chirurg der Welt werde. Oder der drittbeste Rechtsanwalt. Oder der drittbeste Musiker. Oder der drittbeste Maler. Dann bin ich nur mehr einer von vielen.

In dem Moment, in dem ich spüre, daß mein Körper nicht mehr kann, ich irgendwo herumkrebse, meine Schläge einfach nicht mehr zeitgemäß sind, höre ich auf. Ich werde nie als Tennisspieler ein Auslaufmodell sein. Das merkst du, du siehst im Training, wenn der Zug ohne dich abfährt. Schluß ist, wenn du nicht mehr die Voraussetzungen schaffst, eine gute, konstante Saison nach deinen Vorstellungen hinzulegen. Wenn du mehr Zeit beim Physiotherapeuten als auf dem Tennisplatz verbringst. Wenn schmerzstillende Pulver dein Hauptnahrungsmittel sind.

Der Tag kommt

Der Tag wird kommen, er rückt näher und näher. Es gibt jetzt schon Phasen, da bin ich körperlich am Zusammenbrechen. Aber es gibt auch welche, da fehlt mir gar nichts, da bin ich pumperlg'sund, da könnte ich der Welt einen Hax'n ausreißen. Die Relation stimmt derzeit noch.

Ich werde meinen Abschied keinesfalls zelebrieren, nicht groß ankündigen. Sonst wär's ja ein Szenario. Aufzuhören ist etwas Intimes, etwas Privates. Die Leute sollen sagen, „Schade, daß er aufhört", aber nicht: „Zeit wird's". Folglich werde ich es vermeiden, als Nummer 325 in der Weltrangliste abzugehen. Es wird spontan, fast überraschend geschehen. Nicht für mich, für die anderen. Denn ich kenne den Tag schon. Ronnie kennt ihn auch. Der Termin steht fest, ich werde ihn einhalten. Da bin ich konsequent. Ich war es ja immer.

Mit Tennis werde ich zumindest die ersten Jahre recht wenig zu tun haben. Ich möchte Dinge nachholen, die ich verabsäumt habe. In die Schule gehen, maturieren, studieren. Kunst oder Innenarchitektur, vielleicht Malerei. Und meine musikalische Seite fördern. Ich muß das nicht tun, ich will das tun. Weil es mich interessiert. Aber nicht weil ich davon leben muß. Insofern bin ich privilegiert. Andererseits habe ich es auch schwieriger. Ein möglicher Innenarchitekt Muster wird am ehemaligen Tennisspieler Muster gemessen. Insofern ist es eine Belastung. Mir ist klar, daß ich wieder von ganz unten anfangen muß, anderen Bewertungskriterien unterliege.

Ich möchte arbeiten gehen, einen Beruf ausüben, in mein Haus einziehen, endlich seßhaft sein. In Monte Carlo und in Australien, in meiner Farm bei Brisbane, die ich mir vor Jahren gekauft habe. Ein Leben in Österreich ist später einmal denkbar. Undenkbar ist nur, daß ich in Wien oder Graz auf die Universität gehe. Meine Familie soll, sofern ich je eine haben werde, in der Natur leben. Auf unserer Farm. Ohne jeglichen Druck, wer der Vater war oder ist. Da ist Australien ideal. Ich möchte sicher nicht in 20 oder 30 Jahren alte Geschichten aufwärmen, in Wirtshäusern, an Stammtischen.

Ein Schock?

Einen leichten Pensionsschock wird es schon geben. Ich habe mit Vilas darüber geredet. Der Tag danach wird merkwürdig sein. Du wachst, weil du vermutlich verschlafen hast, hektisch auf, denkst, „Um Gottes willen, ich muß meine Tennistasche packen". Und auf einmal schießt es dir in den Kopf, „Um Gottes willen, ich muß meine Tennistasche ja gar nicht packen". Und du wirst eine Mischung aus Trauer und Erleichterung verspüren. Die täglich Routine hat dich überholt.

Dinge, die dich am meisten genervt haben, wirst du besonders missen. Das dauernde Reisen, jede Woche eine andere Stadt, die Einsamkeit im Hotel, der Lärmpegel um dich. Das Gefragt sein, die vielen Menschen, die etwas von dir wollen, dich vereinnehmen. Diese ganz bestimmte Wichtigkeit wird dir abgehen. Da mußt du eben durch. Und ich glaube, da komme ich durch.

Es beängstigt mich nicht, daß mich Millionen, vielleicht

eine Milliarde Menschen kennen. Nicht mich, meinen Namen. Das realisierst du kaum. Es fällt mir nur auf, daß wildfremde Menschen auf mich zukommen und „Griaß die Tom, wie geht's?" sagen. Und sie erwarten, daß auch ich sie kenne. Schließlich habe ich ja in ihren Wohn- oder Schlafzimmern gespielt. Und dort dürfen nur die besten Freunde rein. Ich sehne mich nach Distanz. Die wird sich zwangsläufig ergeben. Darauf freue ich mich.

Ich werde ohne schlechtes Gewissen leben. Es gibt Leute, die wesentlich mehr verdient haben als ich. Auf eine unehrliche Art. Durch Rauschgift- oder Waffenhandel. Ich habe mir jeden Schilling erlaufen und errannt, habe nie jemandem weh getan. Höchstens meinen Gegnern auf dem Tennisplatz. Ich bin eben sehr viel gelaufen. Und hatte das Glück, daß ich in einer sehr populären Sportart sehr viel gelaufen bin. Also ist es gerecht.

Ich werde mehr Zeit als andere haben. In meinem Alter beendet man normalerweise ein Studium, steigt ins Berufsleben ein, beginnt eine Existenz aufzubauen. Ich habe den Beruf hinter mir, die Existenz aufgebaut, kann sorgenfrei planen. Und mich wichtigen Dingen widmen.

Ich kann mich um meine Familie kümmern, werde ausreichend Zeit haben. Meine Eltern mußten hart arbeiten, um mir meinen Traum vom Tennis zu ermöglichen. Ich habe die harte Arbeit schon fast hinter mir.

Leben und Tennis

Ich habe sie, die Zeit. Für meine Kinder, die noch nicht einmal geboren sind. Ich würde gerne ihr Aufwachsen bewußt miterleben und bewußt mitgestalten. Das sind Dinge, die zählen. Ich möchte sie auf den Wettkampf, der Leben heißt, vorbereiten. Und mag mein Sohn, meine Tochter Tennisspieler werden, warum nicht? Ich kann ihnen nicht verbieten, was ich selbst getan habe. Sie müssen es nur ernst nehmen.

Sport wird immer ein wichtiger Teil meines Lebens bleiben. Ich bin süchtig nach Bewegung, nach der Herausforderung, nach dem Wettkampf. Das bleibt, das habe ich im Blut. Es findet dann eben nicht mehr in Roland Garros statt.

Letztendlich war es eine amerikanische Traumkarriere. Du bist ein Bub aus Leibnitz, betreibst lieber Sport, als in die Schule zu gehen, bildest dir ein, Tennisspieler zu werden, kommst in die Südstadt, ziehst mit 19 Jahren nach Monte Carlo. Mit Hoffnungen. Ohne Geld. Nur mit einem Traum, einer Idee im Hinterkopf. Und du gewinnst und gewinnst, steckst Rückschläge weg, wirst der beste Sandplatzspieler der Welt.

Ich habe keine entscheidenden Fehler gemacht, würde alles genauso wieder tun. Sollte schon morgen Schluß sein, es wäre egal, ich habe nichts versäumt, alles erreicht, bin durchs Tennis ein zufriedener Mensch geworden. Ein zufriedener, kein satter. Im Tennis konnte ich allerdings gewisse Dinge planen, Zufälligkeiten ausschalten. Im Leben geht das nicht. Ein anderes Spiel, ein anderer Kampf. Der Ausgang ist völlig ungewiß. Wie in einem großen Tennismatch.

ATP Spiele – Thomas Muster

1984:	Kitzbühel	Sand		
1. Runde	Borowiak, Jeff	6 2	6 3	
2. Runde	Leconte, Henri	4 6	3 6	

1984:	Los Angeles	Hart-Platz		
1. Runde	Rasgado, Jr., Joaquim	6 4	6 4	
2. Runde	Forget, Guy	6 4	3 6	2 6

1984:	Wien	Hart-Platz		
1. Runde	Doyle, Matt	6 4	6 0	
2. Runde	Slozil, Pavel	4 6	2 6	

1985:	Agadir	Sand		
1. Runde	Meinecke, Tore	2 6	6 0	7 5
2. Runde	Nijssen, Tom	4 6	6 2	2 6

1985:	Ogun	Hart-Platz		
1. Runde	Mild, Gerald	1 6	7 5	6 0
2. Runde	Adams, Egan	7 5	3 6	4 6

1985:	Lagos	Sand		
1. Runde	Wooldridge, Mark	7 6	6 7	6 4
2. Runde	Strode, Charles	6 2	3 6	7 5
Viertelfinale	Mmoh, Tony	6 1	2 6	6 3
Halbfinale	Pils, Bernard	4 6	6 2	6 4
Finale	Odizor, Nduka	3 6	3 6	

1985:	Kaduna	Sand		
1. Runde	Kandler, Hans-Peter	1 6	0 6	

1985:	Wien	Teppich		
1. Runde	Bastiansen, Peter	3 6	3 6	

1985:	Parioli	Sand		
1. Runde	Oresar, Bruno	0 6	0 6	
Viertelfinale	Rivas, Guillermo	5 7	3 6	

1985:	French Open	Sand		
1. Runde	Taroczy, Balazs	5 7	3 6	5 7

1985:	Bergen	Sand		
1. Runde	Cihak, Josef	6 1	5 7	6 2
2. Runde	Masso, Eduardo	6 1	6 1	
Viertelfinale	Lundgren, Peter	7 5	3 6	0 1 Aufgabe

1985:	Boston	Sand		
1. Runde	Bengoechea, Eduardo	7 6	6 1	
2. Runde	Sundstrom, Henrik	6 4	2 6	1 6

1985:	Washington	Sand		
1. Runde	Popp, Wolfgang	6 4	7 5	
2. Runde	Pecci, Victor	6 2	6 2	
3. Runde	Krickstein, Aaron	1 6	5 7	

1985:	Indianapolis	Sand		
1. Runde	Goldie, Dan	6 3	6 1	
2. Runde	Pimek, Libor	1 6	3 6	

1985:	Kitzbühel	Sand		
1. Runde	Westphal, Michael	5 7	7 6	6 7

1985:	Palermo	Sand		
1. Runde	Ingaramo, Marcelo	6 4	6 2	
2. Runde	Maciel, Francisco	2 6	6 4	6 3
Viertelfinale	Cancellotti, Francesco	6 3	7 5	
Halbfinale	Tulasne, Thierry	0 6	4 6	

1985:	Barcelona	Sand		
1. Runde	Higueras, Jose	4 6	6 0	6 4
2. Runde	Keretic, Damir	3 6	0 6	

1985:	Belo Horizonte	Sand		
1. Runde	Novacek, Karel	6 4	6 2	
2. Runde	De Minicis, Alessandro	6 1	7 5	
Viertelfinale	Kirmayr, Carlos	6 4	6 0	
Halbfinale	Pistolesi, Claudio	7 6	6 4	
Finale	Dilaura, Carlos	6 1	6 4	

1985:	Porto Alegre	Sand		
1. Runde	Fleurian, Jean	6 3	6 2	
2. Runde	Dilaura, Carlos	6 7	1 6	

1985:	Curitiba	Sand		
1. Runde	Soares, Joao	4 6	3 6	

1985:	Wien	Hart-Platz		
1. Runde	Antonitsch, Alex	3 6	6 3	6 2
2. Runde	Maurer, Andreas	3 6	3 6	

1986:	Boca Raton	Hart-Platz		
1. Runde	Davis, Martin	6 2	3 6	6 7

1986:	Kairo	Sand		
1. Runde	Tewfik, Amir	6 2	6 3	
2. Runde	Vizcaino, Roberto	W/O		

1986:	Metz	Teppich		
1. Runde	Carlsson, Johan	6 1	4 6	3 6

1986:	Köln	Hart-Platz		
1. Runde	Zivojinovic, Slobodan	3 6	2 6	

1986:	Bari	Sand		
1. Runde	Cahill, Darren	2 6	3 6	

1986:	Monte Carlo	Sand		
1. Runde	Pimek, Libor	6 1	6 1	
2. Runde	Wilander, Mats	2 6	2 6	

1986:	Loipersdorf	Sand		
1. Runde	Simonsson, Stefan	3 0	Aufgabe	

2. Runde	Taroczy, Balazs	3 6	6 1	7 6			
Viertelfinale	Segarceanu, Florin	7 6	6 4				
Halbfinale	Cahill, Darren	6 7	6 4	6 1			
Finale	Stenlund, Ulf	6 3	7 5				

1986:	München	Sand		
1. Runde	Popp, Wolfgang	6 2	6 2	
2. Runde	Meinecke, Tore	6 4	7 5	
Viertelfinale	Osterthun, Ricki	3 6	3 6	

1986:	Florenz	Sand		
1. Runde	Witsken, Todd	6 3	6 2	
2. Runde	Krickstein, Aaron	6 4	7 5	
Viertelfinale	Sundstrom, Henrik	0 6	4 6	

1986:	French Open	Sand			
1. Runde	Wilkison, Tim	6 3	6 4	6 3	
2. Runde	Forget, Guy	2 6	3 6	6 4	6 7

1986:	Gstaad	Sand	
1. Runde	Edberg, Stefan	3 6	6 7

1986:	Hilversum	Sand		
1. Runde	Rodriguez, Juan Antonio	6 0	6 0	
2. Runde	Bengoechea, Eduardo	6 2	1 6	6 1
Viertelfinale	Mecir, Miloslav	4 6	7 6	7 5
Halbfinale	Oosting, Menno	6 1	6 0	
Finale	Hlasek, Jakob	6 1	6 3	6 3

1986:	Kitzbühel	Sand		
1. Runde	Osta, Eduardo	3 6	6 2	6 1
2. Runde	Nystrom, Joakim	2 6	7 6	1 6

1986:	US Open	Hart-Platz			
1. Runde	Curren, Kevin	0 6	7 5	3 6	5 7

1986:	Stuttgart	Sand	
1. Runde	Freilos		
2. Runde	Schwaier, Hans	6 3	6 4
3. Runde	Jaite, Martin	1 6	6 7

1986:	Hamburg	Sand		
1. Runde	Agenor, Ronald	7 5	6 2	
2. Runde	Tulasne, Thierry	7 6	6 2	
3. Runde	Perez-Roldan, Guillermo	6 3	6 1	
Viertelfinale	Leconte, Henri	2 6	6 0	5 7

1986:	Barcelona	Sand	
1. Runde	Nystrom, Joakim	6 2	7 5
2. Runde	Sundstrom, Henrik	3 6	4 6

1986:	Basel	Hart-Platz		
1. Runde	Krickstein, Aaron	6 2	1 6	5 7

1986:	Wien	Hart-Platz		
1. Runde	Steyn, Christo	7 6	3 6	6 3
2. Runde	Svensson, Jonas B	6 3	4 6	2 6

1987:	Key Biscayne	Hart-Platz				
1. Runde	Agassi, Andre	7 6	7 5	5 7	0 6	6 4
2. Runde	Chesnokov, Andrei	6 4	7 5	6 3		
3. Runde	Lendl, Ivan	6 3	4 6	0 6	2 6	

1987:	Graz	Hart-Platz		
1. Runde	Vogel, Richard	6 1	7 5	
2. Runde	Shiras, Leif	3 6	6 4	6 3
Viertelfinale	Saceanu, Christian	2 6	4 6	

1987:	Monte Carlo	Sand		
1. Runde	Sanchez, Javier	1 6	6 1	6 3
2. Runde	Nystrom, Joakim	0 6	6 3	7 6
3. Runde	Jaite, Martin	2 6	4 6	

1987:	Hamburg	Sand	
1. Runde	Vajda, Marian	4 6	3 6

1987:	München	Sand		
1. Runde	Davin, Franco	1 6	6 2	6 0
2. Runde	Perez-Roldan, Guillermo	2 6	3 6	

1987:	Rom	Sand	
1. Runde	Mezzadri, Claudio	2 6	3 6

1987:	French Open	Sand			
1. Runde	Perez-Roldan, Guillermo	6 1	6 3	6 2	
2. Runde	Stenlund, Ulf	6 2	6 2	6 2	
3. Runde	Jaite, Martin	2 6	6 3	6 7	0 6

1987:	Wimbledon	Gras		
1. Runde	Forget, Guy	4 6	4 6	4 6

1987:	Stuttgart	Sand	
1. Runde	Freilos		
2. Runde	Mezzadri, Claudio	7 6	6 3
3. Runde	Mecir, Miloslav	2 6	1 6

1987:	Hilversum	Sand		
1. Runde	Hlasek, Jakob	6 1	0 6	7 6
2. Runde	Schwaier, Hans	7 6	6 3	
Viertelfinale	Perez-Roldan, Guillermo	6 7	6 1	1 6

1987:	Kitzbühel	Sand		
1. Runde	Limberger, Carl	2 6	6 4	6 3
2. Runde	Perez, Diego	7 5	6 2	
3. Runde	Agenor, Ronald	4 6	2 6	

1987:	Prag	Sand		
1. Runde	Delaitre, Olivier	6 0	6 1	
2. Runde	Bezecny, George	6 1	6 1	
Viertelfinale	Smid, Tomas	5 7	7 5	5 7

1987:	Rye Brook	Hart-Platz		
1. Runde	Bergstrom, Christian	3 6	7 6	6 3
2. Runde	Limberger, Carl	7 6	6 2	
Viertelfinale	Ross, John	6 7	3 6	

1987:	US Open	Hart-Platz				
1. Runde	Lozano, Jorge	7 6	6 2	6 4		
2. Runde	Bergstrom, Christian	6 7	6 2	6 7	6 3	6 4
3. Runde	Gomez, Andres	6 1	7 6	3 6	3 6	3 6

1987:	Barcelona	Sand		
1. Runde	Bardou, Jorge	6 2	6 7	6 0
2. Runde	Aguilera, Juan	4 6	3 6	

1987:	Toulouse	Hart-Platz		
1. Runde	Kuhnen, Patrick	7 6	3 6	3 6

1987:	Wien	Hart-Platz	
1. Runde	Smid, Tomas	7 6	6 3
2. Runde	Skoff, Horst	6 4	6 4
Viertelfinale	Sanches, Emilio	6 4	6 4
Halbfinale	Mansdorf, Amos	6 2	4 6	2 6

1988:	Australian Open	Hart-Platz		
1. Runde	Cash, Pat	5 7	1 6	4 6

1988:	Orlando	Hart-Platz	
1. Runde	Mansdorf, Amos	3 6	2 6

1988:	Key Biscayne	Hart-Platz				
1. Runde	Davis, Martin	6 4	6 1	6 3		
2. Runde	Curren, Kevin	3 6	6 3	4 6	6 2	0 1 Aufg.
3. Runde	Woodforde, Mark	2 6	6 7	6 3	5 7	

1988:	Graz	Hart-Platz		
1. Runde	Velez, Eduardo	6 2	5 7	6 3
2. Runde	Anderson, Adam	6 4	6 4	
Viertelfinale	Birner, Stanislav	6 3	6 0	
Halbfinale	Shiras, Leif	6 4	6 4	
Finale	Antonitsch, Alex	3 6	4 6	

1988:	Monte Carlo	Sand	
1. Runde	Bergstrom, Christian	4 6	3 6

1988:	Hamburg	Sand		
1. Runde	Meinecke, Tore	7 6	2 6	5 7

1988:	Forest Hill	Sand	
1. Runde	Moir, Barry	6 1	6 0
2. Runde	Duncan, Lawson	6 0	6 0
3. Runde	Edberg, Stefan	4 6	3 6

1988:	Rom	Sand	
1. Runde	Jaite, Martin	6 2	6 1
2. Runde	Brown, Jimmy	7 5	6 2
3. Runde	Agassi, Andre	4 6	5 7

1988:	French Open	Sand		
1. Runde	Flach, Ken	6 0	6 1	6 2
2. Runde	Hennemann, Marcelo	6 1	6 0	6 2
3. Runde	Becker, Boris	1 6	6 4	5 7	3 6

1988:	*Boston*	*Sand*			
1. Runde	Freilos				
2. Runde	Arias, Jimmy	6 4	3 6	7 6	
3. Runde	Courier, Jim	6 2	6 2		
Viertelfinale	Agassi, Andre	6 1	6 4		
Halbfinale	Oresar, Bruno	7 5	6 0		
Finale	Duncan, Lawson	6 2	6 2		

1988:	*Stuttgart*	*Sand*			
1. Runde	Woodforde, Mark	3 6	6 1	6 1	
2. Runde	Arrese, Jordi	6 3	4 6	6 2	
3. Runde	Mecir, Miloslav	6 4	7 6		
Viertelfinale	Perez-Roldan, Guillermo	2 6	5 7		

1988:	*Bordeaux*	*Sand*			
1. Runde	Champion, Thierry	6 1	6 4		
2. Runde	Pistolesi, Claudio	6 2	6 1		
Viertelfinale	Mattar, Luiz	7 5	6 2		
Halbfinale	Skoff, Horst	4 6	6 4	7 5	
Finale	Agenor, Ronald	6 3	6 3		

1988:	*Kitzbühel*	*Sand*			
1. Runde	Schwaier, Hans	3 6	6 3	6 2	
2. Runde	Haldin, Thomas	6 1	6 0		
3. Runde	Pistolesi, Claudio	6 4	6 1		
Viertelfinale	Sanchez, Emilio	1 6	7 6	4 6	

1988:	*Prag*	*Sand*			
1. Runde	Bezecny, George	6 2	6 1		
2. Runde	Windahl, Jorgen	6 2	6 3		
Viertelfinale	Duncan, Lawson	6 2	6 1		
Halbfinale	Luna, Fernando	6 2	6 1		
Finale	Perez-Roldan, Guillermo	6 4	5 7	6 2	

1988:	*US Open*	*Hart-Platz*			
1. Runde	Pernfors, Mikael	6 7	2 6	6 3	1 6

1988:	*Barcelona*	*Sand*			
1. Runde	Freilos				
2. Runde	Stenlund, Ulf	6 3	6 2		
3. Runde	Bengoechea, Eduardo	6 3	5 7	6 4	
Viertelfinale	Perez-Roldan, Guillermo	3 6	6 4	6 3	
Halbfinale	Gustafsson, Magnus	6 1	3 6	6 3	
Finale	Carlsson, Kent	3 6	3 6	6 3	1 6

1988:	*Bari*	*Sand*			
1. Runde	Avendano, Juan	6 0	6 0		
2. Runde	Schwaier, Hans	6 0	6 4		
Viertelfinale	Brown, Jimmy	6 0	6 4		
Halbfinale	Duncan, Lawson	6 2	6 4		
Finale	Filippini, Marcelo	2 6	6 1	7 5	

1988:	*Palermo*	*Sand*			
1. Runde	Freilos				
2. Runde	Aguilera, Juan	6 0	6 2		
3. Runde	Smid, Tomas	6 4	6 2		
Viertelfinale	Tulasne, Thierry	6 3	6 4		
Hallbfinale	Carlsson, Kent	6 7	5 7		

1988:	Wien	Teppich			
1. Runde	Laurendeau, Martin	6 4	1 6	6 3	
2. Runde	Antonitsch, Alex	6 3	7 6		
Viertelfinale	Vajda, Marian	7 6	6 2		
Halbfinale	Curren, Kevin	6 4	6 4		
Finale	Skoff, Horst	6 4	3 6	4 6	2 6

1988:	Paris-Bercy	Teppich	
1. Runde	Jarryd, Anders	6 0	6 4
2. Runde	Forget, Guy	3 6	3 6

1988:	Stockholm	Hart-Platz		
1. Runde	Freilos			
2. Runde	Witsken, Todd	5 7	6 2	6 3
3. Runde	Seguso, Robert	6 7	1 6	

1989:	Australian Open	Hart-Platz				
1. Runde	Rive, Joey	6 4	6 2	6 4		
2. Runde	Wekesa, Paul	4 6	7 6	6 2	6 3	
3. Runde	Visser, Danie	6 7	6 3	3 6	6 3	11 9
4. Runde	Gustafsson, Magnus	6 3	6 2	7 5		
Viertelfinale	Edberg, Stefan	W/O				
Halbfinale	Lendl, Ivan	2 6	4 6	7 5	5 7	

1989:	Scottsdale	Hart-Platz	
1. Runde	Mattar, Luiz	6 3	6 2
2. Runde	Mansdorf, Amos	5 7	2 6

1989:	Indian Wells	Hart-Platz		
1. Runde	Freilos			
2. Runde	Mancini, Alberto	7 6	3 6	5 7

1989:	Key Biscayne	Hart-Platz			
1. Runde	Odizor, Nduka	7 5	7 5	6 3	
2. Runde	Michibata, Glenn	7 5	7 6	6 2	
3. Runde	Sznajder, Andrew	6 1	3 6	6 3	7 6
4. Runde	Bengoechea, Eduardo	6 1	6 1	6 1	
Viertelfinale	Grabb, Jim	7 5	7 6	1 6	6 0
Halbfinale	Noah, Yannick	5 7	3 6	6 3	6 3	6 2
Finale	Lendl, Ivan	Lendl-gewinnt	W/O		

1989:	Barcelona	Sand	
1. Runde	Freilos		
2. Runde	Moreno, Agustin	6 4	6 2
3. Runde	Leconte, Henri	6 2	6 2
Viertelfinale	Skoff, Horst	4 6	3 6

1989:	Palermo	Sand	
1. Runde	Vojtisek, Paul	4 6	1 6

1989:	Wien	Teppich		
1. Runde	Bauer, Michael	6 4	6 2	
2. Runde	Buchmayer, Thomas	6 4	6 2	
Viertelfinale	Jarryd, Anders	6 4	6 4	
Halbfinale	Evernden, Kelly	6 4	2 6	3 6

1989:	Paris Halle	Teppich			
1. Runde	Noah, Yannick	5 7	6 3	4 6	

1989:	Stockholm	Teppich		
1. Runde	Freilos			
2. Runde	Hogstedt, Thomas	4 6	6 3	6 4
3. Runde	Wilander, Mats	4 6	7 6	4 6

1989:	Itaparica	Hart-Platz	
1. Runde	Motta, Cassio	6 7	2 6

1990:	Adelaide	Hart-Platz		
1. Runde	Pistolesi, Claudio	6 4	4 6	6 3
2. Runde	Fitzgerald, John	6 2	7 6	
Viertelfinale	Kratzmann, Mark	7 5	6 4	
Halbfinale	Bruguera, Sergi	2 6	6 2	7 6
Finale	Arias, Jimmy	3 6	6 2	7 5

1990:	Australian Open	Hart-Platz				
1. Runde	Vojtisek, Paul	6 3	6 2	6 4		
2. Runde	Van Rensburg, Christo	1 6	7 5	7 5	2 6	8 6
3. Runde	Youl, Simon	6 3	4 6	3 6	2 6	

1990:	Stuttgart Halle	Teppich		
1. Runde	Kuhen, Patrik	6 4	6 7	1 6

1990:	Kairo	Sand		
1. Runde	Kulti, Nicklas	6 3	7 6	
2. Runde	Benhabiles, Tarik	4 6	6 0	6 2
Viertelfinale	Youl, Simon	6 2	6 4	
Halbfinale	Carbonell, Tomas	6 0	6 4	
Finale	Altur, Jose Francisc	6 4	6 3	

1990:	Casablanca	Sand		
1. Runde	Vysand, Andres	6 2	7 5	
2. Runde	Benhabiles, Tarik	4 6	6 1	6 2
Viertelfinale	Koevermans, Mark	6 4	7 6	
Halbfinale	Prpic, Goran	6 1	6 3	
Finale	Perez-Roldan, Guillermo	6 1	6 7	6 2

1990:	Agadir	Sand		
1. Runde	Vysand, Andres	6 0	6 3	
2. Runde	Jonsson, Lars	6 0	6 3	
Viertelfinale	Davin, Franco	6 3	6 3	
Halbfinale	Fromberg, Richard	6 4	7 6	
Finale	Perez-Roldan, Guillermo	6 2	7 5	

1990:	Estoril	Sand		
1. Runde	Koevermans, Mark	4 6	6 3	7 5
2. Runde	Santoro, Fabrice	7 6	6 2	
Viertelfinale	Aguilera, Juan	3 6	0 6	

1990:	Barcelona	Sand		
1. Runde	Freilos			
2. Runde	Prpic, Goran	6 3	1 6	2 6

1990:	*Monte Carlo*	*Sand*		
1. Runde	Filippini, Marcelo	6 2	6 2	
2. Runde	Jaite, Martin	6 3	6 2	
3. Runde	Courier, Jim	6 4	6 4	
Viertelfinale	Aguilera, Juan	6 3	6 4	
Halbfinale	Leconte, Henri	6 2	6 3	
Finale	Chesnokov, Andrei	5 7	3 6	3 6

1990:	*München*	*Sand*		
1. Runde	Perez-Roldan, Guillermo	6 4	6 4	
2. Runde	Gustafsson, Magnus	7 5	6 2	
Viertelfinale	Strelba, Martin	4 3		
Halbfinale	Korda, Petr	6 3	6 1	
Finale	Novacek, Karel	4 6	2 6	

1990:	*Rom*	*Sand*		
1. Runde	Hlasek, Jakob	6 3	6 4	
2. Runde	Jarryd, Anders	5 1		
3. Runde	Gunnarsson, Jan	6 3	6 2	
Viertelfinale	Forget, Guy	6 2	3 6	6 3
Halbfinale	Gomez, Andres	5 7	6 4	7 6
Finale	Chesnokov, Andrei	6 1	6 3	6 1

1990:	*World Team Cup-Düsseldorf*	*Sand*	
1. Runde	Edberg, Stefan	2 6	4 6

1990:	*French Open*	*Sand*			
1. Runde	Jonsson, Lars	7 5	6 3	6 2	
2. Runde	Winogradsky, Eric	6 2	6 3	6 1	
3. Runde	Haarhuis, Paul	3 6	7 5	6 2	7 6
4. Runde	Jaite, Martin	7 6	6 3	6 2	
Viertelfinale	Ivanisevic, Goran	6 2	4 6	6 4	6 3
Halbfinale	Gomez, Andres	5 7	1 6	5 7	

1990:	*Stuttgart*	*Sand*		
1. Runde	Freilos			
2. Runde	Jelen, Eric	6 4	2 6	0 2

1990:	*Kitzbühel*	*Sand*	
1. Runde	Freilos		
2. Runde	Luna, Fernando	6 2	6 4
3. Runde	Vajda, Marian	6 3	6 0
Viertelfinale	Skoff, Horst	4 6	2 6

1990:	*Prag*	*Sand*	
1. Runde	Pistolesi, Claudio	0 1	Aufgabe

1990:	*US Open*	*Hart-Platz*			
1. Runde	Rahunen, Aki	5 7	6 4	6 0	3 0
2. Runde	Jarryd, Anders	6 4	6 3	4 6	6 1
3. Runde	Yzaga, Jaime	6 2	6 2	4 6	5 7	7 6
4. Runde	Sampras, Pete	7 6	6 7	4 6	3 6

1990:	*Bordeaux*	*Sand*	
1. Runde	Nijssen, Tom	6 2	6 2
2. Runde	Nydahl, Tomas	6 2	4 6	4 6

1990:	Athen	Sand				
1. Runde	Wostenholme, Martin	7 6	6 3			
2. Runde	Vajda, Marian	6 3	6 7	3 6		

1990:	Wien	Teppich				
1. Runde	Strelba, Martin	7 6	6 4			
2. Runde	Annacone, Paul	3 6	7 6	7 6		
Viertelfinale	Olhovskiy, Andrei	0 6	6 4	7 6		
Halbfinale	Skoff, Horst	2 6	6 7			

1990:	Frankfurt-Masters	Teppich				
1. Runde	Lendl, Ivan	3 6	3 6			
2. Runde	Becker, Boris	5 7	4 6			
3. Runde	Gomez, Andres	7 5	5 7	6 4		

1990:	Grand Slam-Cup München	Teppich				
1. Runde	Leconte, Henri	3 6	4 6			

1991:	Stuttgart Halle	Teppich				
1. Runde	Bruguera, Sergi	2 6	3 6			

1991:	Rotterdam	Teppich				
1. Runde	Antonitsch, Alex	6 2	5 7	2 6		

1991:	Indian Wells	Hart-Platz				
1. Runde	Freilos					
2. Runde	Davis, Scott	3 6	2 6			

1991:	Monte Carlo	Sand				
1. Runde	Paloheimo, Veli	7 6	2 6	1 6		

1991:	München	Sand				
1. Runde	Bergstrom, Christian	1 6	6 2	3 6		

1991:	Hamburg	Sand				
1. Runde	Skoff, Horst	5 7	2 6			

1991:	Rom	Sand				
1. Runde	Mansdorf, Amos	6 4	6 2			
2. Runde	Haarhuis, Paul	6 4	6 2			
3. Runde	Prpic, Goran	6 3	3 6	2 6		

1991:	Bologna	Sand				
1. Runde	Saceanu, Christian	6 4	6 4			
2. Runde	Matsuoka, Shuzo	7 6	1 6	6 3		
Viertelfinale	Cane, Paolo	6 7	5 7			

1991:	French Open	Sand				
1. Runde	Sampras, Pete	6 4	6 4	4 6	1 6	4 6

1991:	Florenz	Sand				
1. Runde	Rebolledo, Pedro	1 6	6 4	6 0		
2. Runde	Champion, Thierry	4 6	6 3	6 2		
Viertelfinale	Santoro, Fabrice	6 7	6 1	6 1		
Halbfinale	Costa, Carlos	6 7	6 1	6 3		
Finale	Skoff, Horst	6 2	6 7	6 4		

1991:	Genua	Sand		
1. Runde	Champion, Thierry	4 6	6 0	6 3
2. Runde	Pescosolido, Stefano	6 4	6 3	
Viertelfinale	Pioline, Cedric	4 6	7 6	6 2
Halbfinale	Steeb, Carl-Uwe	5 7	4 6	

1991:	Salzburg	Sand		
1. Runde	Dosedel, Ctislav	6 3	7 6	
2. Runde	Oresar, Bruno	6 3	4 6	4 6

1991:	Stuttgart	Sand	
1. Runde	Clavet, Francisco	1 6	3 6

1991:	Hilversum	Sand		
1. Runde	Cherkasov, Andrei	6 3	6 3	
2. Runde	Carbonell, Tomas	6 7	6 1	6 1
Viertelfinale	Arrese, Jordi	4 6	1 6	

1991:	Kitzbühel	Sand		
1. Runde	Freilos			
2. Runde	Anderson, Johan	6 3	6 1	
3. Runde	Gustafsson, Magnus	5 7	6 2	3 6

1991:	Prag	Sand		
1. Runde	Nargiso, Diego	6 4	6 2	
2. Runde	Arrese, Jordi	6 2	6 3	
Viertelfinale	Larsson, Magnus	6 3	6 0	
Halbfinale	Novacek, Karel	1 6	6 2	5 7

1991:	Venedig	Sand	
1. Runde	Aguilera, Juan	6 4	6 4
2. Runde	Cierro, Massimo	6 3	6 2
Viertelfinale	Mezzadri, Claudio	6 4	6 3
Halbfinale	Costa, Carlos	4 6	6 7

1991:	Genf	Sand		
1. Runde	Vajda, Marian	6 3	7 5	
2. Runde	Perez-Roldan, Guillermo	4 6	6 1	6 2
Viertelfinale	Bruguera, Sergi	4 6	6 4	6 4
Halbfinale	Medvedev, Andrei	7 6	7 6	
Finale	Skoff, Horst	6 2	6 4	

1991:	Palermo	Sand	
1. Runde	Agenor, Ronald	6 0	6 4
2. Runde	Azar, Roberto	6 1	6 3
Viertelfinale	Sanchez, Emilio	3 6	6 7

1991:	Athen	Sand		
1. Runde	Eltingh, Jacco	6 4	6 3	
2. Runde	Yunis, Francisco	6 4	6 3	
Viertelfinale	Perez-Roldan, Guillermo	6 3	3 6	7 6
Halbfinale	Bruguera, Sergi	6 1	2 6	0 6

1991:	Guaruja	Hart-Platz	
1. Runde	Mattar, Luiz	3 6	2 6

1991:	Buzios	Hart-Platz		
1. Runde	Koevermans, Mark	6 3	7 6	
2. Runde	Gomez, Andres	6 4	6 4	
Viertelfinale	Roig, Francisco	6 4	3 6	3 6

1992:	Adelaide	Hart-Platz		
1. Runde	Shelton, Bryan	3 6	6 4	6 7

1992:	Sydney	Hart-Platz		
1. Runde	Doyle, Grant	6 4	6 2	
2. Runde	Woodbridge, Todd	6 4	3 6	6 4
Viertelfinale	Sanchez, Emilio	3 6	3 6	

1992:	Australian Open	Hart-Platz		
1. Runde	Fleurian, Jean-Philippe	7 6	6 1	7 5
2. Runde	Haarhuis, Paul	6 4	6 4	7 6
3. Runde	Courier, Jim	1 6	4 6	2 6

1992:	Scottsdale	Hart-Platz	
1. Runde	Champion, Thierry	1 4	Aufgabe

1992:	Casablanca	Sand		
1. Runde	Roubicek, Vaclav	6 2	6 4	
2. Runde	El Aynaoui, Youness	6 4	4 6	3 6

1992:	Estoril	Sand		
1. Runde	Furlan, Renzo	7 6	3 6	4 6

1992:	Barcelona	Sand		
1. Runde	Paloheimo, Veli	1 6	6 4	6 2
2. Runde	Altur, Jose Franacisc	6 3	4 6	6 3
3. Runde	Lendl, Ivan	3 6	4 6	

1992:	Monte Carlo	Sand		
1. Runde	Leconte, Henri	3 6	6 4	6 3
2. Runde	Volkov, Alexander	6 2	4 6	6 1
3. Runde	Forget, Guy	7 6	4 6	6 3
Viertelfinale	Tillstroem, Mikael	6 3	4 6	6 3
Halbfinale	Boetsch, Arnaud	7 5	6 4	
Finale	Krickstein, Aaron	6 3	6 1	6 3

1992:	München	Sand	
1. Runde	Jonsson, Lars	5 7	4 6

1992:	Hamburg	Sand		
1. Runde	Van Rensburg, Christo	6 1	6 1	
2. Runde	Haarhuis, Paul	7 5	3 6	6 7

1992:	Rom	Sand	
1. Runde	Courier, Jim	6 7	4 6

1992:	French Open	Sand			
1. Runde	Motta, Cassio	6 4	6 4	5 7	6 2
2. Runde	Courier, Jim	1 6	4 6	4 6	

1992:	Florenz	Sand		
1. Runde	Perez-Roldan, Guillermo	6 1	6 7	6 2

2. Runde	Azar, Roberto	6 1	6 3	
Viertelfinale	Mattar, Luiz	6 4	6 7	6 3
Halbfinale	Gustafsson, Magnus	6 4	7 5	
Finale	Furlan, Renzo	6 3	1 6	6 1

1992:	Genua	Sand	
1. Runde	Santoro, Fabrice	4 6	1 6

1992:	Wimbledon	Gras	
1. Runde	Stafford, Grant	3 6	3 6	6 7

1992:	Gstaad	Sand	
1. Runde	Gomez, Andres	6 5	Aufgabe
2. Runde	Sanchez, Emilio	5 7	0 6

1992:	Stuttgart	Sand	
1. Runde	Freilos		
2. Runde	Rosset, Marc	6 3	6 2	
3. Runde	Stich, Michael	7 6	6 4	
Viertelfinale	Karbacher, Bernd	3 6	6 1	6 3
Halbfinale	Medvedev, Andrei	2 6	2 6	

1992:	Kitzbühel	Sand	
1. Runde	Freilos		
2. Runde	Stankovic, Branislav	6 2	6 3	
3. Runde	Oncins, Jaime	6 4	6 2	
Viertelfinale	Strelba, Martin	7 6	6 4	
Halbfinale	Mancini, Alberto	6 7	1 6	

1992:	Barcelona Olymp.	Sand	
1. Runde	Leconte, Henri	6 7	6 7	4 6

1992:	Umag	Sand	
1. Runde	Gisbert, Jr., Juan	6 4	3 6	6 1
2. Runde	Prinosil, David	6 1	6 0	
Viertelfinale	Perez-Roldan, Guillermo	7 5	6 0	
Halbfinale	Arrese, Jordi	6 4	6 4	
Finale	Davin, Franco	6 1	4 6	6 4

1992:	Venedig	Sand	
1. Runde	Prinosil, David	7 5	6 0	
2. Runde	Sanchez, Federico	6 2	6 1	
Viertelfinale	Stenlund, Ulf	6 2	6 3	
Halbfinale	Agenor, Ronald	6 0	6 3	
Finale	Gorriz, Marcos Aureli	6 4	6 1	

1992:	Köln	Sand	
1. Runde	Mronz, Alexander	7 6	6 0	
2. Runde	Gisbert, Jr., Juan	4 6	7 6	7 6
Viertelfinale	Karbacher, Bernd	3 6	3 6	

1992:	Tel Aviv	Hart-Platz	
1. Runde	Perkis, Shahar	6 4	6 4	
2. Runde	Daufresne, Xavier	7 5	6 4	
Viertelfinale	Bloom, Gilad	0 6	6 2	6 4
Halbfinale	Tarango, Jeff	2 6	4 6	

1992:	Lyon	Teppich		
1. Runde	Champion, Thierry	6 2 6 4		
2. Runde	Randall, Dave	6 7 4 6		

1992:	Stockholm	Teppich		
1. Runde	Freilos			
2. Runde	Wahlgren, Lars	6 4 4 6 6 4		
3. Runde	Sampras, Pete	2 6 4 6		

1992:	Paris-Bercy	Teppich		
1. Runde	Hlasek, Jakob	3 6 4 6		

1992:	Antwerpen	Teppich		
1. Runde	Markus, Gabriel	3 6 6 7		

1993:	Sydney	Hart-Platz		
1. Runde	Cherkasov, Andrei	6 4 6 2		
2. Runde	Fromberg, Richard	6 4 7 6		
Viertelfinale	Svensson, Jonas	7 6 7 6		
Halbfinale	Camporese, Omar	6 4 6 3		
Finale	Sampras, Pete	6 7 1 6		

1993:	Australian Open	Hart-Platz		
1. Runde	Haarhuis, Paul	4 6 6 3 7 6 6 1		
2. Runde	Steven, Brett	2 6 6 7 4 6		

1993:	Dubai	Hart-Platz		
1. Runde	Pereira, Nicolas	6 4 6 2		
2. Runde	Gorriz, Marcos Aureli	4 6 6 1 6 3		
Viertelfinale	Dosedel, Ctislav	6 0 6 3		
Halbfinale	Novacek, Karel	5 7 4 6		

1993:	Stuttgart Halle	Teppich		
1. Runde	Kuhnen, Patrik	2 6 4 6		

1993:	Mexico City	Sand		
1. Runde	Donar, Johan	6 2 6 2		
2. Runde	Miniussi, Christian	6 3 7 6		
Viertelfinale	Skoff, Horst	6 2 7 5		
Halbfinale	Fernandez, Oliver	6 3 6 4		
Finale	Costa, Carlos	6 2 6 4		

1993:	Indian Wells	Hart-Platz		
1. Runde	Oncins, Jaime	6 4 6 0		
2. Runde	Stafford, Grant	6 4 6 4		
3. Runde	Korda, Petr	6 7 4 6		

1993:	Key Biscayne	Hart-Platz		
1. Runde	Freilos			
2. Runde	Braasch, Karsten	7 5 4 6 6 4		
3. Runde	Raoux, Guillaume	3 6 2 6		

1993:	Barcelona	Sand		
1. Runde	Freilos			
2. Runde	Chesnokov, Andrei	7 5 0 6 7 5		
3. Runde	Furlan, Renzo	7 5 6 2		
Viertelfinale	Krajicek, Richard	6 4 3 6 6 3		
Halbfinale	Medvedev, Andrei	4 6 3 6		

1993:	Monte Carlo	Sand			
1. Runde	Freilos				
2. Runde	Chesnokov, Andrei	6 2	6 2		
3. Runde	Larsson, Magnus	6 2	3 6	6 0	
Viertelfinale	Corretja, Alex	6 2	6 2		
Halbfinale	Bruguera, Sergi	4 6	6 1	6 7	

1993:	München	Sand		
1. Runde	Steeb, Carl-Uwe	6 4	6 2	
2. Runde	Kulti, Nicklas	6 7	6 4	4 6

1993:	Hamburg	Sand		
1. Runde	Dreekmann-Kohlma, Hendrik	3 6	6 3	6 2
2. Runde	Raoux, Guillaume	6 7	6 3	6 1
3. Runde	Stich, Michael	6 7	6 2	1 6

1993:	Rom	Sand		
1. Runde	Hlasek, Jakob	6 3	3 6	7 5
2. Runde	Rosset, Marc	6 7	6 4	4 6

1993:	French Open	Sand			
1. Runde	Skoff, Horst	0 6	6 3	6 4	6 2
2. Runde	Pioline, Cedric	7 6	2 6	6 4	6 2
3. Runde	Gilbert, Brad	7 6	6 2	6 4	
4. Runde	Courier, Jim	3 6	6 2	4 6	2 6

1993:	Florenz	Sand		
1. Runde	Schaller, Gilbert	6 4	6 4	
2. Runde	Fromberg, Richard	6 7	6 1	6 3
Viertelfinale	Dewulf, Filip	6 1	6 3	
Halbfinale	Corretja, Alex	6 4	6 3	
Finale	Burillo, Jordi	6 1	7 5	

1993:	Genua	Sand		
1. Runde	Mancini, Alberto	7 6	6 2	
2. Runde	Altur, Jose Francisc	6 4	6 2	
Viertelfinale	Carbonell, Tomas	6 0	5 7	6 3
Halbfinale	Clavet, Francisco	6 2	6 0	
Finale	Gustafsson, Magnus	7 6	6 4	

1993:	Wimbledon	Gras		
1. Runde	Delaitre, Olivier	5 7	4 6	2 6

1993:	Gstaad	Sand		
1. Runde	Stringari, Martin	4 6	6 2	6 1
2. Runde	Gilbert, Rodolphe	3 6	6 3	6 1
Viertelfinale	Stoltenberg, Jason	6 4	7 6	
Halbfinale	Novacek, Karel	3 6	6 7	

1993:	Stuttgart	Sand		
1. Runde	Freilos			
2. Runde	Vacek, Daniel	6 4	3 6	7 6
3. Runde	Sanchez, Javier	5 7	2 6	

1993:	Hilversum	Sand		
1. Runde	Davin, Franco	6 2	6 0	
2. Runde	Kischkewitz, Nicolas	6 2	6 2	
Viertelfinale	Sanchez, Javier	4 6	7 5	3 6

1993:	Kitzbühel	Sand			
1. Runde	Freilos				
2. Runde	Mezzadri, Claudio	6 1	6 3		
3. Runde	Baur, Patrick	6 4	5 7	6 4	
Viertelfinale	El Aynaoui, Youness	6 1	6 3		
Halbfinale	Medvedev, Andrei	6 3	6 4		
Finale	Sanchez, Javier	6 3	7 5	6 4	

1993:	San Marino	Sand		
1. Runde	Wuyts, Bart	7 5	6 2	
2. Runde	Mancini, Alberto	7 5	6 3	
Viertelfinale	Dosedel, Ctislav	6 2	6 3	
Halbfinale	Rikl, David	6 4	6 1	
Finale	Furlan, Renzo	7 5	7 5	

1993:	Umag	Sand		
1. Runde	Rasberger, Emanuel	6 1	6 2	
2. Runde	Altur, Jose Francisc	6 4	6 2	
Viertelfinale	Gisbert, Jr., Juan	6 4	6 3	
Halbfinale	Furlan, Renzo	7 6	6 3	
Finale	Berasategui, Alberto	7 5	3 6	6 3

1993:	US Open	Hart-Platz			
1. Runde	Corretja, Alex	6 4	6 4	6 3	
2. Runde	Krickstein, Aaron	6 4	6 0	6 3	
3. Runde	McEnroe, Patrick	6 4	6 4	6 4	
4. Runde	Gilbert, Brad	6 2	7 5	6 7	6 2
Viertelfinale	Volkov, Alexander	6 7	3 6	6 3	6 2 5 7

1993:	Bukarest	Sand		
1. Runde	Saric, Igor	6 3	6 7	6 2
2. Runde	Nydahl, Tomas	2 6	6 7	

1993:	Palermo	Sand		
1. Runde	Azar, Roberto	6 1	6 3	
2. Runde	Furlan, Renzo	6 1	4 6	6 3
Viertelfinale	Mattar, Luiz	7 6	6 1	
Halbfinale	Gaudenzi, Andrea	7 5	6 0	
Finale	Bruguera, Sergi	7 6	7 5	

1993:	Tel Aviv	Hart-Platz		
1. Runde	Behr, Noam	6 3	6 2	
2. Runde	Johnson, Donald	7 5	7 5	
Viertelfinale	Bloom, Gilad	7 6	7 5	
Halbfinale	Pescosolido, Stefano	6 7	6 1	6 7

1993:	Wien	Teppich		
1. Runde	Arriens, Carsten	6 1	6 1	
2. Runde	Kulti, Nicklas	7 6	7 5	
Viertelfinale	Siemerink, Jan	5 2	Aufgabe	
Halbfinale	Enqvist, Thomas	6 2	6 4	
Finale	Ivanisevic, Goran	6 4	4 6	4 6 6 7

1993:	Grand Slam-Cup München	Teppich	
1. Runde	Sampras, Pete	1 6	3 6

1994:	Adelaide	Hart-Platz		
1. Runde	Shelton, Bryan	6 2	6 2	
2. Runde	Stafford, Grant	6 7	6 4	4 6

1994:	Sydney	Hart-Platz		
1. Runde	Siemerink, Jan	7 6	6 3	
2. Runde	Vacek, Daniel	6 7	7 5	4 6

1994:	Australian Open	Hart-Platz		
1. Runde	Weiss, Robbie	6 3	6 3	6 3
2. Runde	Carlsen, Kenneth	6 4	6 4	6 2
3. Runde	Raoux, Guillaume	6 3	6 3	6 2
4. Runde	Volkov, Alexander	6 3	6 3	6 2
Viertelfinale	Edberg, Stefan	2 6	3 6	4 6

1994:	Dubai	Hart-Platz	
1. Runde	Cahill, Darren	7 5	6 2
2. Runde	Holm, Henrik	3 6	4 6

1994:	Mexico City	Sand		
1. Runde	Flach, Doug	6 4	6 3	
2. Runde	Fontang, Frederic	6 4	7 6	
Viertelfinale	Petchey, Mark	7 6	4 6	7 5
Halbfinale	Corretja, Alex	7 5	6 2	
Finale	Jabali, Roberto	6 3	6 1	

1994:	Indian Wells	Hart-Platz		
1. Runde	Freilos			
2. Runde	Yzaga, Jaime	4 6	7 6	6 3
3. Runde	Stark, Jonathan	6 4	6 4	
Viertelfinale	Sampras, Pete	3 6	2 6	

1994:	Sun City	Hart-Platz		
1. Runde	Leconte, Henri	6 3	3 6	6 4
2. Runde	Black, Byron	1 6	7 6	7 6
Viertelfinale	Hlasek, Jakob	7 6	4 6	2 6

1994:	Barcelona	Sand	
1. Runde	Freilos		
2. Runde	Gaudenzi, Andrea	0 6	6 4	3 6

1994:	Monte Carlo	Sand		
1. Runde	Apell, Jan	7 6	6 2	
2. Runde	Solves, Gerard	6 4	6 0	
3. Runde	Gustafsson, Magnus	6 2	6 4	
Viertelfinale	Edberg, Stefan	7 6	6 7	4 6

1994:	Madrid	Sand			
1. Runde	Fontang, Frederic	6 0	6 3		
2. Runde	Markus, Gabriel	4 6	6 1	7 6	
Viertelfinale	Lendl, Ivan	2 6	6 3	6 0	
Halbfinale	Yzaga, Jaime	6 0	5 7	6 3	
Finale	Bruguera, Sergi	6 2	3 6	6 4	7 5

1994:	Hamburg	Sand	
1. Runde	Freilos		
2. Runde	Renzenbrink, Joern	3 6	6 3	6 3
3. Runde	Krajicek, Richard	4 6	4 6	

1994:	Rom	Sand				
1. Runde	Cherkasov, Andrei	6 4	6 2			
2. Runde	Olhovskiy, Andrei	4 6	7 5	7 5		
3. Runde	Gaudenzi, Andrea	1 4	Aufgabe			

1994:	French Open	Sand				
1. Runde	Cherkasov, Andrei	6 0	7 5	6 1		
2. Runde	Agassi, Andre	6 3	6 7	7 5	2 6	7 5
3. Runde	Rafter, Patrick	4 6	7 5	3 6	3 6	

1994:	St. Pölten	Sand		
1. Runde	Dier, Dirk	4 6	6 3	6 4
2. Runde	Filippini, Marcelo	7 6	6 1	
Viertelfinale	Schranz, Wolfgang	7 5	6 1	
Halbfinale	Roig, Francisco	7 6	6 4	
Finale	Carbonell, Tomas	4 6	6 2	6 4

1994:	Wimbledon	Gras				
1. Runde	Mronz, Alexander	7 5	6 7	7 6	4 6	6 8

1994:	Gstaad	Sand		
1. Runde	Manta, Lorenzo	6 1	6 3	
2. Runde	Sanchez, Javier	6 4	6 0	
Viertelfinale	Kafelnikov, Yevgeny	6 7	6 3	6 7

1994:	Stuttgart	Sand		
1. Runde	Freilos			
2. Runde	Viloca, Juan Albert	6 3	6 2	
3. Runde	Davin, Franco	6 2	6 3	
Viertelfinale	Chesnokov, Andrei	3 6	6 4	4 6

1994:	Kitzbühel	Sand		
1. Runde	Freilos			
2. Runde	Gloria, Louis	6 3	6 7	6 1
3. Runde	Viloca, Juan Albert	6 3	6 3	
Viertelfinale	Gross, Oliver	6 2	6 3	
Halbfinale	Santoro, Fabrice	6 2	6 7	6 7

1994:	Cincinnati	Hart-Platz	
1. Runde	Woodforde, Mark	5 7	3 6

1994:	Indianapolis	Hart-Platz	
1. Runde	Freilos		
2. Runde	Rusedski, Greg	4 6	6 3	3 6

1994:	US Open	Hart-Platz		
1. Runde	Musa, Daniele	6 3	6 2	6 0
2. Runde	Ruah, Maurice	6 4	4 6	6 4	6 2
3. Runde	Enqvist, Thomas	6 0	6 4	6 2
4. Runde	Bruguera, Sergi	6 4	7 6	6 4
Viertelfinale	Agassi, Andre	6 7	3 6	0 6

1994:	Bukarest	Sand		
1. Runde	Youl, Simon	6 1	6 4	
2. Runde	Roig, Francisco	6 0	1 6	6 1
Viertelfinale	Furlan, Renzo	W/O		

1994:	Palermo	Sand			
1. Runde	Kucera, Karol	6 2	6 1		
2. Runde	Sanchez, Emilio	3 6	5 7		

1994:	Tel Aviv	Hart-Platz			
1. Runde	Bloom, Gilad	6 3	6 4		
2. Runde	Pescosolido, Stefano	7 6	5 7	6 3	
Viertelfinale	Mattar, Luiz	6 4	6 2		
Halbfinale	Ferreira, Wayne	6 3	3 6	2 6	

1994:	Wien	Teppich			
1. Runde	Mansdorf, Amos	6 2	6 2		
2. Runde	Rikl, David	6 1	7 6		
Viertelfinale	Korda, Petr	7 6	6 0		
Halbfinale	Stich, Michael	3 6	3 6		

1994:	Stockholm	Teppich			
1. Runde	Freilos				
2. Runde	Boetsch, Arnaud	6 7	1 6		

1994:	Paris-Bercy	Teppich			
1. Runde	Freilos				
2. Runde	Larsson, Magnus	7 6	6 7	5 7	

1994:	Moskau	Teppich			
1. Runde	Vacek, Daniel	2 6	5 7		

1994:	Grand Slam-Cup, München	Teppich			
1. Runde	Agassi, Andre	3 6	5 7		

1995:	Sydney	Hart-Platz			
1. Runde	Morgan, Jamie	2 6	4 6		

1995:	Australian Open	Hart-Platz			
1. Runde	Reneberg, Richey	2 6	6 2	7 6	4 6	6 3
2. Runde	Guardiola, Thierry	6 3	7 6	6 2	
3. Runde	Eltingh, Jacco	3 6	2 6	6 2	5 7

1995:	Dubai	Hart-Platz			
1. Runde	Cash, Pat	6 2	4 6	4 6	

1995:	Stuttgart Halle	Teppich			
1. Runde	Gaudenzi, Andrea	6 2	5 1	Aufgabe	
2. Runde	Larsson, Magnus	5 7	7 5	4 6	

1995:	Mexico City	Sand			
1. Runde	Pereira, Nicolas	6 2	6 1		
2. Runde	Lavalle, Leonardo	6 4	6 1		
Viertelfinale	Martinez, Oscar	7 6	6 1		
Halbfinale	Clavet, Francisco	7 6	1 6	6 2	
Finale	Meligeni, Fernando	7 6	7 5		

1995:	Indian Wells	Hart-Platz			
1. Runde	Karbacher, Bernd	6 4	6 2		
2. Runde	Adams, Chuck	6 2	7 6		
3. Runde	Chang, Michael	6 1	5 7	7 6	
Viertelfinale	Edberg, Stefan	6 2	4 6	1 6	

1995:	St. Petersburg	Teppich				
1. Runde	Middleton, T. J.	5 7	3 6			

1995:	Estoril	Sand				
1. Runde	Martinez, Oscar	6 4	6 1			
2. Runde	Davin, Franco	7 5	6 1			
Viertelfinale	Sanchez, Javier	4 6	7 6	6 4		
Halbfinale	Sanchez, Emilio	6 2	6 4			
Finale	Costa, Alberto	6 4	6 2			

1995:	Barcelona	Sand				
1. Runde	Burillo, Jordi	4 6	7 6	6 2		
2. Runde	Cherkasov, Andrei	6 3	6 2			
3. Runde	Sanchez, Javier	7 6	6 4			
Viertelfinale	Costa, Carlos	6 3	3 6	7 5		
Halbfinale	Kafelnikov, Yevgeny	6 3	6 3			
Finale	Larsson, Magnus	6 2	6 1	6 4		

1995:	Monte Carlo	Sand				
1. Runde	Forget, Guy	6 2	6 2			
2. Runde	Karbacher, Bernd	6 2	6 2			
3. Runde	Berasategui, Alberto	7 6	6 2			
Viertelfinale	Wheaton, David	6 4	6 4			
Halbfinale	Gaudenzi, Andrea	6 3	7 6			
Finale	Becker, Boris	4 6	5 7	6 1	7 6	6 0

1995:	Rom	Sand				
1. Runde	Haarhuis, Paul	6 4	6 4			
2. Runde	Siemerink, Jan	3 6	6 4	6 3		
3. Runde	Ulihrach, Bohdan	6 2	6 2			
Viertelfinale	Chang, Michael	6 3	6 2			
Halbfinale	Ferreira, Wayne	3 6	6 1	6 3		
Finale	Bruguera, Sergi	3 6	7 6	6 2	6 3	

1995:	French Open	Sand				
1. Runde	Solves, Gerard	3 6	6 4	6 2	6 1	
2. Runde	Pioline, Cedric	6 1	6 3	6 3		
3. Runde	Costa, Carlos	6 3	7 5	6 2		
4. Runde	Medvedev, Andrei	6 3	6 3	6 0		
Viertelfinale	Costa, Alberto	6 2	3 6	6 7	7 5	6 2
Halbfinale	Kafelnikov, Yevgeny	6 4	6 0	6 4		
Finale	Chang, Michael	7 5	6 2	6 4		

1995:	St. Pölten	Sand				
1. Runde	Dewulf, Filip	4 6	7 6	6 3		
2. Runde	Lopez-Moron, Alex	6 2	6 2			
Viertelfinale	Gilbert, Rodolphe	6 2	6 2			
Halbfinale	Pescosolido, Stefano	6 0	3 6	6 4		
Finale	Ulihrach, Bohdan	6 3	3 6	6 1		

1995:	Gstaad	Sand				
1. Runde	Corretja, Alex	5 7	1 6			

1995:	Stuttgart	Sand				
1. Runde	Freilos					
2. Runde	Rios, Marcelo	6 2	6 4			
3. Runde	Karbacher, Bernd	6 4	6 2			

Viertelfinale	Carbonell, Tomas	6 2	6 0			
Halbfinale	Bruguera, Sergi	6 7	7 6	6 2		
Finale	Apell, Jan	6 2	6 2			

1995:	**Amsterdam**	**Sand**				
1. Runde	Sinner, Martin	6 2	6 3			
2. Runde	Filippini, Marcelo	W/O				

1995:	**Kitzbühel**	**Sand**				
1. Runde	Freilos					
2. Runde	Campbell, Steve	6 3	6 3			
3. Runde	Fetterlein, Frederik	6 3	6 3			
Viertelfinale	Noszaly, Sandor	7 6	6 3			
Halbfinale	Schaller, Gilbert	6 3	6 7	6 3		
Finale	Costa, Alberto	6 4	4 6	6 7	6 2	4 6

1995:	**San Marino**	**Sand**				
1. Runde	Filippini, Marcelo	6 4	6 2			
2. Runde	Mantilla, Felix	6 3	6 2			
Viertelfinale	Voinea, Adrian	7 6	2 6	6 4		
Halbfinale	Pescosolido, Stefano	6 4	6 2			
Finale	Gaudenzi, Andrea	6 2	6 0			

1995:	**Umag**	**Sand**				
1. Runde	Carretero, Roberto	6 2	3 0			
2. Runde	Mancisidor, Alejo	6 3	6 1			
Viertelfinale	Arrese, Jordi	6 1	6 3			
Halbfinale	Clavet, Francisco	7 5	5 7	7 6		
Finale	Costa, Carlos	3 6	7 6	6 4		

1995:	**US Open**	**Hart-Platz**				
1. Runde	Jensen, Luke	7 6	6 3	6 0		
2. Runde	Woodforde, Mark	4 6	6 2	6 2	6 4	
3. Runde	Clavet, Francisco	0 6	6 4	6 3	7 5	
4. Runde	Courier, Jim	3 6	0 6	6 7		

1995:	**Bukarest**	**Sand**				
1. Runde	Carbonell, Tomas	6 4	6 4			
2. Runde	Pioline, Cedric	7 5	6 3			
Viertelfinale	Boetsch, Arnaud	6 4	6 4			
Halbfinale	Noszaly, Sandor	6 2	6 2			
Finale	Schaller, Gilbert	6 3	6 4			

Stand: Oktober 1995

DAVISCUP Spiele – Thomas Muster

1984:	Norwegen	5 0				
	Jönsson	6 0	6 3			

1985:	Griechenland	3 2				
	Kalovelonis	6 4	6 1	6 1		

1985:	Israel	2 3				
	Mansdorf	7 5	1 6	6 3	6 0	
	Glickstein	3 6	10 8	6 2		

1986:	Portugal	5 0				
	Marques	6 0	6 1	6 2		
	Cunha-Silva	6 2	6 1			

1986:	Rumänien	3 2				
	Segarceanu	6 4	6 4	5 7	6 4	
	Dirzu	6 2	6 3	6 2		

1986:	Frankreich	1 4				
	Tulasne	6 4	3 6	6 3	5 7	2 6
	Leconte	3 6	2 6			

1987:	Griechenland	4 1				
	Bavelas	7 5	6 0	6 1		
	Kalovelonis	6 1	7 5			

1987:	Portugal	4 1				
	Cunha-Silva	6 1	9 7	6 3		
	Marques	6 3	5 7	7 5		

1987:	Dänemark	2 3				
	Christensen	4 6	2 6	2 6		
	Tauson	8 6	10 12	6 2	3 6	4 6

1988:	England	5 0				
	Shaw	6 4	6 2	6 2		
	Whichello	6 1	6 3			

1988:	Nigeria	5 0				
	Mmoh	6 2	6 4	6 3		
	Odizor	6 4	10 8			

1989:	Australien	5 0				
	Woodforde	6 4	6 7	6 2	6 3	
	Cash	6 2	6 0			

1990:	Spanien	3 2				
	Sanchez	1 6	6 2	4 6	6 3	6 4
	Bruguera	7 5	6 1	7 6		

1990:	Italien	5 0				
	Cane	7 5	7 5	1 6	4 6	6 3
	Nargiso	6 3	6 2			

1990:	USA	2 3			
	Chang	4 6	6 2	6 2	6 4
	Agassi	6 2	6 2	7 6	

1991:	England	1 3			
	Petchey	2 6	6 3	6 7	2 6

1994:	Deutschland	2 3			
	Goellner	6 3	6 3	6 3		
	Stich	6 4	6 7	4 6	6 3	12 10

1994:	Uruguay	2 3		
	Perez	6 3	6 2	6 3
	Filippini	7 5	6 1	6 1

1995:	Spanien	4 1		
	C. Costa	6 4	6 4	6 4
	Bruguera	6 4	7 5	6 3

1995:	Schweden	0 5		
	Larsson	1 6	6 7	5 7
	Edberg	4 6	2 6	

Stand: Oktober 1995